BIYON KATTILATHU

Der Rikscha-Fahrer, der das Glück verschenkt

◆

Vorwort

◆ ───────

◆

Vorwort

Auch die längste Reise beginnt mit dem ersten Schritt."
Ich bin sehr froh, dass du diese Zeilen liest. Das war
dein erster Schritt unserer gemeinsamen Reise. Ich
möchte dir noch nicht allzu viel über diese Reise verraten. Was ich
dir aber verraten möchte, ist der Grund, warum ich dieses Buch
geschrieben habe. Nachdem ich mit meinen Videos Millionen
Menschen über Social Media erreicht habe, habe ich gespürt, dass
wir alle ähnliche Wünsche und Sehnsüchte haben. Wir möchten
glücklich sein und selbstbestimmt leben. Wir möchten Dinge
loslassen, die uns nicht guttun. Wir möchten wahre Liebe spüren.

Die gute Nachricht ist, wir können dies tatsächlich erfahren.
Denn der Schlüssel dazu liegt in uns selbst.

Dieses Buch handelt von Rahul, dem fröhlichen, empathischen
Rikscha-Fahrer in Neu-Delhi, der das Glück an seine Fahrgäste
verschenkt. Sie steigen mit alltäglichen Problemen in seine
Rikscha ein, haben Liebeskummer oder unerfüllte Träume …
und wenn sie aussteigen, fühlen sie sich glücklicher.

Warum? Weil sie sich auf die Reise eingelassen haben. Dieses
Buch ist die Antwort auf viele Fragen deines Lebens. Es soll dich
inspirieren, dich zum Lachen bringen, dich aufrütteln und dich an
Dinge erinnern, die du vielleicht schon weißt und nur vergessen
hast.

Gemeinsam kehren wir zu meinen Wurzeln nach Indien zurück.
Steig ein und lass dich entführen. Du brauchst für diese Reise
keinen Koffer. Du brauchst nur dich und deine Bereitschaft, alle
Dinge, die du sehen, hören und fühlen wirst, in dein Herz zu
lassen. Am Ende jedes Kapitels erwartet dich ein kleines Video
von mir, in dem wir die Reise nochmal gemeinsam Revue
passieren lassen. Im Anschluss an das letzte Kapitel (Seite 189)
erfährst du, wie du das Video ganz entspannt öffnen und genießen
kannst.

Ich möchte dir jetzt sagen, dass du mich sehr glücklich machst
und ich sehr dankbar bin für dein Vertrauen. *Der Rikscha-Fahrer,
der das Glück verschenkt* ist mehr als ein Buch. Es ist eine Herzens-
angelegenheit. Es ist ein Versprechen. Es ist mein Leben. Und
jetzt ist es da für dich. Dein Weg entsteht dadurch, dass du ihn
gehst … oder ihn jetzt mit mir fährst.

Dann wollen wir mal los. Wir haben noch viel vor …

Nanni und ich im Großstadtdschungel

Manche sagen, die Stadt sei ein Labyrinth, andere klagen über den Schmutz und die schlechte Luft; doch für mich ist Delhi die schönste Stadt der Welt. Da sind die winkligen Gassen der Altstadt und der Basar von Chandni Chowk, da sind die breiten Straßen des Regierungsviertels und da ist der Yamuna, ein Nebenfluss des Ganges, der sich durch das Stadtgebiet windet. Besonders mag ich das Gewusel in den Straßen: kleine Stände, die köstliche Essensdüfte verbreiten. Menschenmengen, deren bunte Saris wunderschöne Mosaikbilder weben. Hupkonzerte von Fahrern, die keine Zeit oder einfach nur Spaß am Gehupe haben, das lauter ist als der jährliche Militärmarsch zum Nationalmuseum. Schrille Werbeplakate für die neuesten Bleaching-Cremes, die einem weismachen wollen, dass es so viel schöner ist, hellhäutig zu sein. Überall wird gerufen, gestritten, gefeiert und gelacht.

Und mittendrin bin ich mit meiner Rikscha: schwarzes Blech, ein gelbes Dach. Auf den ersten Blick sieht sie aus wie die anderen 80 000 Rikschas, die in Neu-Delhi unterwegs sind. Aber meine Rikscha ist etwas Besonderes. Okay, von außen kann man kaum einen Unterschied zu den anderen „Tuk-Tuk-Taxis" bemerken, aber innen habe ich meine Rikscha liebevoll eingerichtet. So gibt es eine Lichterkette, die abwechselnd bunt blinkt und bei der ich sogar per Knopfdruck bestimmen kann, wie schnell sich die Farben ändern. Oft frage ich meine Fahrgäste nach ihrer Lieblingsfarbe und überrasche sie dann mit dem Farbenspiel, sodass sie ihre Fahrt in der Nanni noch mehr genießen können.

Ja, meine Rikscha hat einen Namen: Nanni. Das heißt „danke". In kleinen weißen Buchstaben prankt das Wort über dem linken Hinterrad. Es soll mich immer daran erinnern, dankbar zu sein. Denn das, so habe ich im Laufe der Jahre gelernt, zählt zu den wichtigsten Dingen überhaupt.

Außerdem läuft bei mir immer gute Musik. Also keine klassische Musik oder Heavy Metal oder so, sondern fröhliche Bollywood-Musik. Manche finden die Bollywood-Filme und ihre Musik kitschig. Mag ja sein, dass sie kitschig sind. Aber das heißt nicht, dass sie schlecht sind. Sie sind vor allem eins: übertrieben. Übertrieben romantisch, übertrieben schrill, übertrieben bunt, übertrieben laut, übertrieben traurig, übertrieben fröhlich.

Aber genau deswegen mag ich sie so sehr: Denn über unseren Herzen liegt oft ein Schleier aus Zweifeln, Ängsten, Gedanken und komplizierten Gefühlen. Und um diesen Schleier zu durchdringen und unser Herz zu berühren, muss es eben manchmal etwas mehr sein: mehr Romantik, mehr Farben, mehr Trauer, mehr Freude. Einfach mehr!

Es ist einer dieser heißen Tage, an denen einem bereits morgens der Schweiß auf der Stirn steht. Ich will gerade in meine Riksha steigen, als mein Nachbar Malik „Guten Morgen, Rahul!" ruft. „Ob es ein guter Morgen wird, wird sich noch zeigen", entgegne ich mit einem Lächeln. Ich schaue kurz in die Ferne und dann wieder zu Malik und rufe ihm zu: „Ich habe mal für uns nach-geschaut: Heute ist ein guter Tag, um ein guter Tag zu werden!"

Optimismus, behaupten meine Freunde,
ist mein zweiter Name.

Ich starte den kleinen Motor, gebe mit einem gekonnten Hand-griff etwas Gas und fahre los. Die Lichter blinken in Grün, aus den kleinen Boxen schrillen die ersten Töne des bekannten Bolly-wood-Songs *Jai Ho* und ich mache mich auf in Richtung Zent-rum. Optimismus, behaupten meine Freunde manchmal, ist mein zweiter Name. Warum auch nicht? Klingt doch viel besser als Rahul, der Pessimist, oder?
„Jaaai Hooo. Jaai Hoooooo." Ich finde, dass ich der am besten singende Riksha-Fahrer von Delhi bin. Na ja, zumindest im Osten Delhis bis zur Gandhi Street, Ecke Nehru Street. Ich weiß, das behaupten viele von sich. Aber ich bin mir sicher, dass es bei mir stimmt.
Vor mir schlägt die Ampel auf Rot um und ich nähere mich einem alten 1998er TATA, der vor mir zum Stehen gekommen ist. Durchs Heckfenster sehe ich bereits einen Hut, der voller Rhyth-musgefühl hin und her wippt. Als ich mich auf die Spur links von

ihm stelle, dringt Musik aus dem Radio herüber. Ich schaue in den TATA. Ein Herr um die fünfzig singt so inbrünstig mit, als sei dies seine letzte Nachricht an die Menschheit. Er wendet den Kopf, sieht meinen Blick und hört innerhalb einer tausendstel Sekunde auf zu singen. Plötzlich ist sein Kopf mitsamt Schnäuzer und Hut schnurstracks nach vorne hin ausgerichtet. Der Mann hält sich so starr, als ob ihn eine unsichtbare Halskrause stützt. *Wie schade*, denke ich, *warum bloß?*

Zwei Erklärungen schießen mir durch den Kopf. Die erste: Als er mich sieht, wird dem Fahrer schlagartig bewusst, dass der beste Sänger Delhis gerade neben ihm an der Ampel steht, und aus Respekt hört er auf zu singen. Zweite Möglichkeit: Er schämt sich. Auch wenn ich von meinen Gesangskünsten schwer überzeugt bin, erscheint mir Möglichkeit zwei plausibler.

Er schämt sich also. Doch warum? Und vor wem? Gerade eben war er ganz fröhlich und entspannt. Er musste nichts tun. Er wollte nichts darstellen. Er *war* einfach. Und nun? Er denkt darüber nach, was ich über ihn denken könnte. Er will mir, einem Unbekannten, gefallen. Und er scheint zu glauben, dass er mir als Wachsfigur mit unsichtbarer Halskrause besser gefällt.

Klar, wir Menschen sind im Grunde Herdentiere und darauf angewiesen, mit anderen zurechtzukommen – nirgendwo bekommt man das täglich so deutlich zu spüren wie in Delhi, wo circa sechstausend Menschen auf einen Quadratkilometer kommen und man sich hin und wieder schon wie eine Ölsardine in der Blechbüchse fühlt. Aber das heißt doch nicht, dass wir uns verbiegen müssen – was im Übrigen oft vollkommen unnötig ist. Denn ich für meinen Teil liebe den Anblick anderer Gesangstalente, die hinter dem Lenkrad kräftig mitschmettern.

Ich nehme eine scharfe Kurve und drehe mein Radio etwas lauter. Selbst nach all den Jahren ist Radiohören für mich immer noch ein Luxus, den ich in vollen Zügen genieße.

Denn aufgewachsen bin ich im Slum. Meine Eltern, meine Großeltern, meine vier Geschwister und ich lebten auf engstem Raum in einer aus Wellblech und sonstigen Fundstücken zusammengezimmerten Hütte. Unsere Habseligkeiten beschränkten sich auf das Nötigste; für mehr wäre in unserer Hütte auch kein Platz gewesen. Durch die dünnen Wände bekamen wir alles von den Nachbarn mit – uns sie von uns.

Meine Mutter war den ganzen Tag damit beschäftigt, irgendetwas zu essen zuzubereiten, während wir Kinder uns nach den unregelmäßigen Schulstunden draußen herumtrieben. Manchmal spielten wir mit Gleichaltrigen, manchmal stöberten wir in der etwas entfernter liegenden Müllkippe nach Brauchbarem in der Hoffnung, dies zu verkaufen oder gegen etwas Essbares einzutauschen.

Mein Vater stellte aus alten Reifen Latschen für die Slumbewohner her. Im Gegenzug erhielt er von den Leuten das, was sie eben hatten: Reis, Nägel, Plastikplanen, Decken, Streichhölzer, Fisch; manchmal sangen sie ihm ein Lied vor, erzählten ihm Geschichten oder gaben ihm selbst geschnitzte Tiere und Gottheiten aus Holz. Als Kind liebte ich dieses wilde Sammelsurium – es waren so viele Überraschungen dabei! –, aber satt wurde man davon natürlich nicht unbedingt. Hunger wird oft als „nagend" beschrieben, und da ist etwas dran. Zumindest vergisst man dieses Gefühl seinen Lebtag nicht. Erst später ist mir klar geworden, dass auch Geschichten eine Art von Reichtum darstellen.

Wie jeden Morgen fahre ich zu meinem Lieblingsimbiss. Ich nehme die drei Stufen des Delhi Food & Drinks mit einem großen Schritt und stehe an der Theke des kleinen Cafés. Dort wird der Chai zubereitet, also schwarzer Tee mit Milch, eine Tradition der Briten, die sich auch nach deren fast hundertjähriger Kolonialherrschaft gehalten hat. Ganz unbritisch ist hingegen der wunderbare Geruch frisch gebackener Dosas, eine Art Pfannkuchen mit Linsen, Kokosnuss und Kartoffeln, der mir in die Nase steigt.

„Lass mich raten, Rahul: ein Dosa und einen Chai", höre ich hinter mir eine tiefe Stimme, bevor die Hand, die zu dieser Stimme gehört, auch schon meine Schulter packt.

„Santosh, komm, geh Lotto spielen. So gut wie du heute rätst, hast du große Chancen zu gewinnen!", antworte ich.

Wir beide lachen, denn das esse ich seit Jahren jeden Morgen zum Frühstück. Tag für Tag, ohne Ausnahme. Santosh drängt mich immer, etwas Neues auszuprobieren, aber ich weigere mich standhaft. Ich mag eben Sachen, die ich kenne. Und Dinge, die man mag, zu wiederholen, ist in meinen Augen ein gutes Rezept für Zufriedenheit. Wenn mich ein Dosa glücklich macht, dann bestelle ich ein Dosa. Wenn es jemanden glücklich macht, den Himmel anzuschauen, dann sollte er das möglichst oft tun. Und wenn jemand Freude verspürt, wenn er seinen Hund abknutscht, dann sollte er sich einen guten Lippenbalm besorgen und loslegen.

In dem Moment bringt mir ein Kellner schon meinen Tee.

„Nanni, Brinti", sage ich und nicke leicht mit dem Kopf.

Ich mag Brinti. Er arbeitet schon so lange bei Santosh, dass er mittlerweile zur Familie gehört.

Ich weiß noch, wie Santosh mir von ihrer ersten Begegnung erzählte. Brinti war in das kleine Café gekommen und hatte um einen Tee gebeten, ohne jedoch eine Rupie in der Tasche zu haben. Sheila, Santoshs Frau, wollte ihm schon einen Chai bringen, aber Santosh hatte einen anderen Plan. Er gab Brinti einen kochend heißen Tee und stellte ein zweites, leeres Glas daneben. Brinti versuchte, den Tee zu trinken, und zuckte zusammen, als seine Lippen mit dem heißen Getränk in Berührung kamen. Nach einigen Momenten nahm Brinti das zweite Glas zu Hilfe und begann, den Tee vom einen Glas ins andere zu kippen. Sah das Ganze am Anfang noch etwas unbeholfen aus, wurde er mit jedem Kippen besser. Als Brinti dann seinen abgekühlten Tee trank, fragte Santosh ihn, ob er das jeden Tag einige Stunden für die Gäste machen wolle. Im Gegenzug könne er kostenlos essen und trinken. Seit jenem Tag ist Brinti aus dem Delhi Food & Drinks nicht mehr wegzudenken. Er ist immer hilfsbereit und freundlich und bekommt mittlerweile auch einen festen Lohn.

Ich mag diese Geschichte. Santosh tut zwar immer etwas hart, aber im Grunde hat er ein großes Herz. Nicht zuletzt deshalb ist für mich das Delhi Food & Drinks ein besonderes Stück Heimat in meiner Heimatstadt Delhi.

SCANN MICH MIT DER APP!

Kopfsalat und das Geschenk der Gegenwart

Das Leben im Slum war hart, keine Frage. Aber vieles, was ich dort erlebt habe, war auch unglaublich schön. Die Zeit mit meinem Großvater zum Beispiel. Ich liebte ihn über alles und war glücklich, wenn er mich auf einen seiner „Streifzüge", wie er es nannte, mitnahm. Als junger Mann war er Bergführer in Nepal gewesen und er hatte sich seine Unabhängigkeit bewahrt. Immer wieder mal verschwand er für einige Tage, und wenn man ihn hinterher fragte, wo er gewesen sei, lächelten seine hellen Augen und er schwieg.

Waren wir gemeinsam unterwegs, ergriff ich die Hand meines *daadaa* und hüpfte aufgeregt neben ihm her. Nun hatte ich meinen Großvater ganz für mich und konnte ihm all die Fragen stellen, die mir ständig im Kopf herumschwirrten. Können Bäume traurig sein? Gab es die Welt, bevor es mich gab? Und wie kommen überhaupt all diese Fragen in meinen Kopf?

Für meinen Großvater war jede Frage wichtig. Er nahm sich Zeit und manchmal antwortete er mir in Form eines Rätsels oder mit einer Gegenfrage. Das mochte ich besonders gern, dann fühlte ich mich noch lebendiger als sonst und strengte mich gehörig an. Nur ganz selten wehrte er lächelnd ab: „Du fragst mir ein Loch in den Bauch, Rahul – ein Wunder, dass ich noch nicht in der Mitte zusammengeklappt bin." Dann wusste ich, dass ich eine Weile besser mal den Mund hielt.

War ich alleine, verselbstständigten sich die Fragen in meinem Kopf. Eine Frage führte zur nächsten, vor meinem inneren Auge erschienen verwirrende Bilder und ich verheddterte mich in irgendwelchen Begründungen und neuen Überlegungen. Wenn meine Mutter merkte, dass ich wieder in die Luft guckte und leicht die Lippen bewegte, strich sie mir über den Kopf und murmelte: „Rahul – du und dein Kopfsalat."

Kopfsalat – ja … dieses Wort beschrieb ganz gut, was in meinem Kopf abging.

Ich sitze in Santoshs Café, als mich ein „Hallo!" in die Gegenwart holt. Ich blicke auf und sehe einen Herrn Mitte vierzig vor meiner Nanni stehen. Offensichtlich ist er auf der Suche nach dem Fahrer der Rikscha, dennoch erlaube ich mir, ihn noch einen Moment zu beobachten: grauer Anzug, eine ordentlich gebundene rote Krawatte, Aktentasche, saubere Lederschuhe, gestresster Blick auf die Uhr. Fazit: Hier wartet ein Geschäftsmann darauf, dass ich mich endlich zu erkennen gebe. Ich beiße erneut genüsslich in mein geliebtes Dosa.

Das „Hallo?!" wird immer fordernder. Unruhig schlenkert der Herr mit der Aktentasche und geht ein paar Schritte auf und ab.

Ich setze den Chai noch mal kurz an, wohl wissend, dass dies mein letzter Schluck für die nächsten Stunden sein wird, und komme dem Wunsch des Mannes endlich nach.

„Hi", rufe ich ihm entgegen.

„Sind Sie der Fahrer?", fragt der Mann.

Sein Blick sagt: *Sie sind der Fahrer! Und Sie haben mich warten lassen! Ich habe es eilig! Also bewegen Sie Ihren braunen Hintern verdammt noch mal hierher!*

„Noch bin ich es nicht, aber wenn wir uns gleich in die Rikscha setzen, dann werde ich im Nu zu Ihrem Fahrer...", versuche ich die Situation mit einem kleinen Scherz aufzulockern.

Der Mann verdreht bloß die Augen und nimmt auf der Rückbank Platz.

„Haben Sie eine Lieblingsfarbe?", will ich wissen.

„Blau", kommt es kurz angebunden zurück.

Die Nanni leuchtet in strahlendem Blau auf und ich meine, ein kurzes Lächeln in seinem Gesicht wahrzunehmen, das sich im nächsten Moment schon wieder verflüchtigt, als er bestimmt: „Einmal zum Finanzamt Delhi-Süd!"

Wir tuckern los.

Wenn sich der Mann weiterhin so abweisend aufführt, wird diese Fahrt als eine der weniger erfreulichen in meine Rikscha-Annalen eingehen. Ich beschließe, der Angelegenheit noch eine Chance zu geben: „Ich heiße übrigens Rahul."

Im Rückspiegel kann ich das Gesicht des Mannes sehen. Es ist von einem bläulichen Schimmer überzogen und seine Augen verraten mir, was er in diesem Moment denkt: *Eigentlich habe ich absolut keine Lust, mit dem Fahrer zu reden. Andererseits möchte ich nicht unhöflich sein. Hm... und jetzt? Allzu lange kann ich mit der*

Antwort allerdings auch nicht warten, sonst denkt der noch, ich hätte nicht mehr alle Tassen im Schrank …

„… Ich … ich heiße Gibu. Freut mich, Sie kennenzulernen, Rahul."

Und wie du dich freust, mein Freund, denke ich im Stillen. Du rastest ja förmlich aus!

„Sie tragen einen schönen Anzug, Gibu. Der Traum meiner Mutter war es immer, dass ich bei der Arbeit einen Anzug tragen würde. Ich glaube, der Job war ihr egal. Die Hauptsache war der Anzug", sage ich.

Gibu muss schmunzeln.

„Was müsste ich beruflich machen, um mir einen solchen Anzug leisten zu können?", frage ich.

„Ach, glauben Sie mir, das ist wirklich kein teurer Anzug. Ich bin Berater. Ich prüfe Unternehmen und gebe Empfehlungen zu Dingen wie Wirtschaftlichkeit und Effizienz ab", antwortet er.

„Effizienz", wiederhole ich. „Hui, das klingt bedeutend. Was kann ich mir denn darunter genauer vorstellen?"

„Also", setzt Gibu an, „ich optimiere Arbeitsabläufe. Man kann eigentlich überall etwas verbessern. Nehmen wir Ihr Geschäft."

„Mein Geschäft?"

„Ja, Ihre Tätigkeit als Rikscha-Fahrer. Sie könnten sich beispielsweise einen neuen Motor einbauen lassen."

„Warum sollte ich mir einen neuen Motor einbauen lassen?", frage ich verdutzt.

„Schauen Sie, mit einem neuen Motor können Sie Sprit sparen und kommen schneller voran", sagt er.

„Ja, und dann?"

„Dann sparen Sie natürlich Geld und Zeit. Sie könnten mehr Gäste von einem Ort zum anderen bringen."

„Ja, und dann?", frage ich und blicke dabei kurz in meinen Rückspiegel.

„Dann könnten Sie sich von dem zusätzlichen Geld eine weitere Riksha kaufen und einen Fahrer anstellen", erwidert Gibu bestimmt.

„Ja, und dann?", frage ich erneut.

„Dann könnten Sie wahrscheinlich schneller, als Sie denken, weitere Fahrer anstellen und hätten bald Delhis größte Riksha-Flotte", sagt Gibu mit einem triumphierenden Unterton.

„Ja, und dann?", wiederhole ich ein weiteres Mal.

„Dann … dann können Sie in Ruhe Ihren Chai genießen und ganz gemütlich und entspannt mit der Riksha durch Delhi fahren und Musik hören."

Es vergehen einige Sekunden, bis ich mich schließlich umdrehe, Gibu in die Augen schaue und sage: „Aber das mache ich doch schon jetzt!"

Es herrscht Stille. Ich bin mir nicht sicher, was Gibu in diesem Moment denkt. Aber er denkt. Er denkt nach.

Nach einer Weile frage ich vorsichtig: „Ist es also das, was man als Berater vor allem macht: in die Zukunft zu denken?"

Gibu hebt den Kopf und stimmt mir erfreut zu. „Ja genau, das trifft es gut. Wir Berater denken in die Zukunft." Er wirkt auf einmal recht zufrieden.

„Aber das ist doch eigentlich schade", murmele ich.

„Wieso schade?"

„Na ja, dann verpasst man so viel."

Gibu runzelt die Stirn.

„Man ist dann nicht im Moment", setze ich nach.

Gibus Blick erinnert mich an den meines Vaters, der früher manchmal zu denken schien: Was stimmt bloß mit diesem Jungen nicht? Wieso verhält er sich nicht so wie die anderen, sondern hat immer irgendwelche komischen Ideen?

> *Eben darum geht es doch: die Gegenwart zum Geschenk zu machen.*

„Und was soll das bitte schön heißen, ‚im Moment sein'?", kommt es unwirsch von hinten.

Ich versuche, ihm meine Überlegung anders nahezubringen: „Woran haben Sie vom Beginn der Fahrt bis jetzt gedacht?"

„Hmm … um ehrlich zu sein: an den Termin, den ich gleich im Finanzamt habe."

„Okay. Auf die nächsten Fragen erwarte ich keine Antworten von Ihnen: Haben Sie das neu angelegte Blumenfeld an der Mall gesehen, an dem wir vorbeigefahren sind? Haben Sie die Hochzeitsgesellschaft bemerkt, die neben dem Tempel tanzte? Oder haben Sie wenigstens den riesigen geschmückten Elefanten gesehen, der an der vorletzten Ampel unseren Weg kreuzte? Wie gesagt: Ich erwarte keine Antwort von Ihnen, denn ich kenne sie bereits", sage ich.

„Ich war beschäftigt!", kontert Gibu leicht verstimmt.

Er fasst sich an die Krawatte und überprüft deren Sitz. Eine Geste, die Selbstbewusstsein ausdrückt.

„Ich weiß. Es ist ja auch nichts Schlimmes dabei, beschäftigt zu sein. Aber wissen Sie, Gibu, die meisten Menschen denken, dass man nur mit der Zukunft beschäftigt sein kann. Oder mit der Vergangenheit. Doch wir können uns auch mit der Gegenwart beschäftigen. Mit dem, was gerade ist. Mit dem Jetzt."

Gibu wirkt noch nicht überzeugt.

Ich warte einen kurzen Augenblick ab, denn der dichte Verkehr lässt es gerade nicht zu, dass ich weiterspreche.

„Okay, was bedeutet das englische Wort *present*?", frage ich und bin gespannt, ob er sich auf dieses Spiel einlässt.

„*Present* ist also ... heißt Gegenwart", antwortet er, um lauter hinterherzuschieben: „Und Geschenk! Geschenk heißt es auch!"

„Genau. Gegenwart und Geschenk. Und eben darum geht es doch eigentlich: die Gegenwart zum Geschenk zu machen", sage ich. Nach diesem Grundsatz versuche ich zu leben. Und ich kann mir stundenlang ausmalen, wie die Gegenwart als Geschenk verpackt daherkommt und die Menschen, die es auswickeln, glücklich macht. Manchmal stelle ich mir einen riesigen bunt eingeschlagenen Kasten vor, der mit großen Schleifen versehen ist, dann wieder steckt dieses wunderbare Geschenk in einer unauffälligen Streichholzschachtel – das Geschenk lässt sich manchmal eben nicht gleich erkennen ... Ich ertappe mich, wie ich anfange, mich im Kopfsalat zu verheddern, aber das ist im Straßenverkehr keine so gute Idee.

Auch Gibu hängt seinen Gedanken nach und blickt verträumt auf die belebte Straße Ecke Goa Street. Sein Schweigen zeigt mir, dass ihn dieser Satz irgendwie zum Nachdenken anregt. Die Gegenwart zum Geschenk zu machen.

Wir fahren eine Weile schweigend weiter.

Manchmal ist es gut zu schweigen. Auch wenn ich wirklich nicht gut schweigen kann. Ich bin eher der Typ, der Stille relativ bald als unangenehm empfindet. Und der dann schnell irgendetwas sagt, damit sie wieder vorbei ist. Aber in den Jahren als Rikscha-Fahrer habe ich gelernt, dass Stille mitunter eine große Kraft birgt.

Mir ist auch klar geworden, warum wir Stille oft nicht mögen. In der Stille sind wir gezwungen, nach innen zu blicken. Plötzlich kann uns nichts mehr ablenken … kein Verkehrslärm, keine laute Musik, kein Geschrei vom Markt … wir sind mit unseren Gedanken allein. Und oft sind es nicht die Gedanken, die wir mögen, sondern die Gedanken, die wir brauchen.

„Aber", setzt Gibu an, hält jedoch inne, da ihm sein Gedanke selbst noch nicht ganz klar zu sein scheint. Schließlich meint er: „Aber Zukunft und Vergangenheit sind doch auch wichtig."

„Na ja, streng genommen gibt es sie gar nicht. Denn Zeit ist eine Illusion", sage ich.

Okay, das sind jetzt vielleicht nicht gerade Sätze, die man aus dem Mund eines Rikscha-Fahrers erwartet. Aber die Zeit war eben eines der Lieblingsthemen von meinem Großvater und mir. Und wie über alles andere auch wusste er darüber ganz schön viel. Wir hatten endlos darüber gesprochen, wie unterschiedlich lang sich ein Tag anfühlen kann. Oder darüber, wie die Zeit mit der Natur und den Sternen zusammenhängt. Und am merkwürdigsten hatte ich es stets gefunden, dass Zeitbegriffe nichts Konstantes bezeichnen, sondern sich von Tag zu Tag ändern, so als wären sie ein glitschiger Fisch, den man nie richtig zu fassen bekommt.

„Daadaa, wie kommt es, dass der Tisch heute ‚Tisch' heißt und morgen auch noch ‚Tisch' heißt. Wohingegen ‚heute' am nächsten Tag nicht mehr ‚heute' heißt, sondern ‚gestern' – dabei geht es doch um den gleichen Tag?"

In solchen Momenten leuchteten die Augen meines Großvaters warm auf.

Die Fahrt ist kostenlos. Sie zahlen nur für das Lebensgefühl, das Sie erhalten haben.

Bezeichnenderweise blickt Gibu genau in diesem Moment auf seine Uhr und sein Kopf fährt hoch: „Was soll das heißen – die Zeit ist eine Illusion? Wenn das so wäre, dann könnte ich meine Uhr ja gleich aus dem Fenster werfen, oder?", spottet er. Er klingt wieder ganz nach dem selbstsicheren Geschäftsmann, der gerne bestimmt, wo's langgeht.

„Ich habe nicht behauptet, dass Uhren unsinnig sind, sondern nur gesagt, dass Zeit eine Illusion ist. Wissen Sie noch, was wir über *present* gesagt haben, Gibu?", frage ich.

„Ja klar: Gegenwart und Geschenk … die Gegenwart zum Geschenk machen …", antwortet er.

„Genau. Und Albert Einstein spann diesen Gedanken noch ein wenig weiter. Er sagte nicht nur, dass wir die Gegenwart zum Geschenk machen sollen, sondern auch, dass es nur sie gibt", sage ich auf die Gefahr hin, wie ein Oberlehrer zu klingen. Aber dieses Thema ist mir einfach zu wichtig und ich habe das Gefühl, dass Gibu damit etwas anfangen kann, auch wenn er noch nicht genau zu wissen scheint, was.

Und tatsächlich fällt er mir aufgeregt ins Wort: „Wie meinen Sie oder Einstein oder wer auch immer denn das schon wieder? Dass es nur die Gegenwart gibt?!"

„Ich habe es zuerst auch nicht begriffen, als mein Großvater davon zu mir sprach. Doch schauen Sie: Genau genommen gibt es doch nur das Jetzt. Wir reden immer von morgen. Aber morgen ist das ‚Jetzt in der Zukunft‘. Oder wir sprechen von gestern. Aber gestern war das ‚Jetzt in der Vergangenheit‘. Ich weiß, das hört sich ziemlich merkwürdig an“, räume ich ein, um nach einem kleinen Zögern noch einen draufzusetzen: „Also ist es *würdig*, dass wir es uns *merken!*“

Schweigen von hinten.

„So betrachtet, haben wir in unserem bisherigen Leben eigentlich immer nur ganz viele Jetzts erlebt“, fasse ich den Gedankengang zusammen.

Immer noch Schweigen von hinten.

Gibu hat diesen ganz bestimmten Gesichtsausdruck, den ich von mir selbst kenne, wenn ich dabei bin, eine komplizierte Neuigkeit zu verdauen. Ich bin in solchen Momenten ein wenig verwirrt, ein wenig überzeugt und halte einfach die Klappe, weil ich weiß: Diskutieren bringt nichts.

Und dann … lachen wir beide los. Ich weiß nicht genau, warum Gibu und ich lachen.

Es ist wahrscheinlich eine Mischung aus Erleuchtung, Scham und Ironie. Es tut auf jeden Fall gut und nur das zählt.

„Wissen Sie, Rahul, dass Sie manchmal ein ziemlicher Klug-scheißer sein können?“, fragt Gibu mit einem Grinsen und bestätigt somit meine Befürchtungen, bevor er hinzufügt, „aber ein sympathischer.“

Ich muss grinsen und unsere Blicke treffen sich im Rückspiegel. Gerade will ich ihm von einem weiteren meiner Lieblingsrätsel über die Zeit erzählen, als Gibus Kopf herumfährt und er einem

Mann hinterherblickt, der am Straßenrand auf zwei riesigen Stelzen entlangläuft.

„Haben Sie das gesehen?! Wie hoch in der Luft dieser Mann ist, und das ganz, ohne sich abzustützen!" Gibus Augen funkeln geradezu vor Begeisterung. „Ich weiß nicht, ob ich mich das trauen würde."

„Das weiß ich von mir auch nicht", sage ich und freue mich vor allem, dass Gibu einfach im Moment ist.

Dann sind wir an unserem Ziel angekommen.

Noch etwas aufgekratzt fragt Gibu: „Was kostet die Fahrt?"

„Die Fahrt ist kostenlos. Sie bezahlen nur für das Lebensgefühl, das Sie während dieser Fahrt erhalten haben", sage ich. Und schiebe hinterher: „160 Rupien", weil ich weiß, dass Gibu zu seinem Termin muss.

Er gibt mir 200 Rupien und sagt: „Nanni".

„Nanni", antworte ich.

Er steigt aus und lässt das Portemonnaie in seine Aktentasche fallen. Nach ein paar Schritten dreht er sich um.

„Ich habe den Weg genossen, Rahul."

Ich lächle ihn an. „Danke, Gibu. Ich auch."

Ich gebe ein wenig Gas und fahre
langsam fort.

SCANN MICH MIT DER APP!

Tandemliebe, Fischliebe und Selbstliebe

Ich sehe ein wunderschönes beiges Taxi, das eine dreispurige Autobahn entlangfährt. Es fährt so schnell. Es fährt mindestens 130 Stundenkilometer. Ich schaue etwas genauer hin … und kann es kaum fassen: Das Taxi … das ist die neue C-Klasse von Mercedes-Benz. Und ich rede nicht von irgendeiner C-Klasse, sondern vom neuesten Modell auf dem Markt! Die Straßen sind unglaublich sauber und auch die anderen Autos fahren so geordnet neben- und voreinander her. Ich könnte diesem Taxi ewig zusehen, wie es den Blinker elegant nach links setzt, um den Vordermann zu überholen. Ohne wildes Gehupe, ohne Hektik. Es scheint, als würde das Taxi nochmals beschleunigen … und dann … stockt das Video und auf dem Display erscheint ein Symbol, das anzeigt, dass das Video neu lädt.
Nach etwa fünf Sekunden, in denen wir alle gebannt auf das Display starren und hoffen, dass es weitergeht, tritt Ernüchterung ein.

„Wechsel doch endlich deinen mobilen Anbieter!", ruft einer, und jemand anders meint: „Wenn du in deiner Rikscha weniger schlüpfrige Filme schauen würdest, hättest du noch genügend Datenvolumen ..."

Ich stehe mit vier befreundeten Rikscha-Fahrern am zentralen Rikscha-Stand in Delhi-Nord und wir lachen über und mit unserem guten Freund Janam, dessen Handy uns den weiteren Genuss dieses Taxivideos nicht mehr gönnen will.

Wir lieben es, uns auf YouTube Taxis aus anderen Ländern anzuschauen. Es ist unfassbar schön zu sehen, wie unterschiedlich das Ankommen und Reisen weltweit gehandhabt wird. In diesen Momenten stellen wir uns immer vor, wie es wäre, wenn wir in einem dieser Taxis herumfahren würden. Wie wir morgens das Auto kurz begutachten würden, welche Musik wohl im Radio laufen und wie unser Blick draußen alles scannen würde, damit wir so viel wie möglich von der Umgebung in unserem Gedächtnis speichern. Und dann sehe ich die Menschen, die tatsächlich in diesen Taxis reisen. Und ich sehe, wie sie in den Autos sitzen und auf ihr Handy schauen. Vielleicht schaut sich jemand sogar indische Rikschas an und stellt sich vor, wie es wäre, mit uns hier in Delhi unterwegs zu sein ...

„Ist die Rikscha noch frei?"

Die Stimme, die mein Ohr erreicht, hat einen deutschen Akzent und klingt für eine männliche Stimme sehr fein. Ich blicke zu meiner Nanni und sehe dort einen jungen Mann um die dreißig stehen. Er hat dunkelblonde Haare und trägt eine blaue Jeans und ein kurzärmliges rot-weiß gestreiftes Hemd. Er rückt seine Brille zurecht, als er in unsere Runde blickt.

„Ja, die ist noch frei. Setzen Sie sich rein und fahren Sie einfach

los. An der Tankstelle bitte drauf achten, Super zu tanken", rufe
ich ihm zu.

„Ich meinte, ob … also ob jemand von Ihnen …", stammelt der
Mann leicht nervös.

Als Janam, der sein Handy in der Hosentasche verschwinden lässt,
die anderen Fahrer und ich anfangen zu lachen, bin ich froh zu
sehen, dass der Mann nach kurzem Zögern mitlacht. Nicht laut
und herzhaft, es ist eher ein zurückhaltendes Lachen.

Ich mache ein paar Schritte auf ihn zu, gebe ihm die Hand und
sage: „Ich heiße Rahul. Ich freue mich auf unsere gemeinsame
Reise." Dabei zeige ich auf die hinteren Plätze meiner Nanni und
lade ihn ein, Platz zu nehmen.

Bisher hatte fast jeder meiner Fahrgäste eine
spannende Geschichte zu erzählen.

Der junge Mann setzt sich ein wenig unbeholfen auf die Rückbank und sagt dabei: „Ich freue mich auch. Ich heiße Stephan,
aber die meisten nennen mich Steve."

Ich starte den Motor mit den Worten: „Okay Steve, wo führt uns
unsere Reise denn hin?" Seinem Erscheinungsbild nach würde ich
auf eine Touristenattraktion tippen, aber er hat weder eine Kamera
noch eine Tasche dabei, was mich etwas wundert.

„Zum Taj Mahal, bitte."

Ich drehe den Zündschlüssel wieder zurück, sodass der Motor
zum Stillstand kommt. Langsam wende ich mich zu Steve um und
blicke ihm ein paar Sekunden in die Augen.

Mit ruhiger Stimme sage ich: „Lieber Steve, willkommen in Neu-Delhi, der Hauptstadt Indiens. Das von dir gewünschte Ziel Taj Mahal befindet sich in Agra. Wenn wir jetzt losfahren, sind wir ungefähr acht bis neun Stunden unterwegs. Mit dem Zug brauchst du circa drei Stunden und zahlst viel weniger. Okay, der Zugfahrer ist wahrscheinlich kein so guter Gesprächspartner wie ich, aber das liegt vor allem daran, dass du gar nicht mit ihm sprechen könntest…"

Ich höre auf, weil ich merke, dass mein Kopfsalat langsam, aber sicher wieder einsetzt. Mit einem Lächeln versuche ich, meine letzten wirren Sätze zu überspielen.

Das Schmunzeln von Steve verrät mir allerdings, dass ihm meine gedankliche Irrfahrt nicht entgangen ist.

„Rahul, ich danke dir für deine Worte und irgendwie bist du mir sympathisch. Ich habe mich natürlich vorher schlau gemacht. Wenn dir die Fahrt zu lang ist, habe ich dafür vollstes Verständnis", antwortet Steve seelenruhig.

Er macht keinerlei Anstalten, aus der Nanni auszusteigen, so als wüsste er ganz genau, dass ich ihn fahren werde. Und damit liegt er verdammt richtig. Zum einen kann ich das Geld sehr gut gebrauchen, zum anderen bin ich auf Steves Geschichte gespannt. Bisher hatte fast jeder meiner Fahrgäste eine spannende Geschichte zu erzählen. Okay, bis auf die Leute, die nicht mit mir reden wollten, aber auch deren Augen und Körper haben mir eine – meistens eher traurige – Geschichte erzählt.

Oft unterschätzen wir unsere eigene Geschichte und fragen uns, was denn schon an uns und unserem Leben besonders sein soll. Dabei verändert die Geschichte eines jeden Einzelnen die Geschichte der Welt.

„Also gut", lächle ich Steve zu und starte erneut den Motor. Ich war bisher nur einmal beim Taj Mahal und das ist schon Ewigkeiten her. Mein Herz macht angesichts dieses unverhofften Fahrziels einen kleinen Hüpfer.

Den anderen Fahrern rufe ich mit einem Augenzwinkern zu: „Ich fahre dann mal zum Taj Mahal!"

„Viel Spaß und komm gesund zurück", gibt Janam zurück.

Das liebe ich so an meinen Kollegen, diese unbezahlbare Eigenschaft, anderen etwas zu gönnen – von ganzem Herzen. Natürlich ist nicht jeder Fahrer frei von Neid, aber ich habe schon früh von meinen Freunden gelernt, dass das Glück eines anderen Menschen auch mich glücklicher macht. Und dass das Unglück eines anderen Menschen auch mein Unglück bedeutet. Ich fädele mich ein und fahre auf der South Avenue Richtung Landstraße.

„Was ist deine Lieblingsfarbe, Steve?", frage ich, um ihn aus seinen Gedanken zu holen, die förmlich über seinem Kopf schweben.

Sein Blick ist irgendwo da draußen. Es ist dieser Blick, den Menschen haben, wenn sie suchend in die Ferne schauen, aber ihre Gedanken es ihnen unmöglich machen, irgendetwas davon wahrzunehmen.

„Ich habe keine Lieblingsfarbe ... aber rot. Ich mag rot", antwortet er, ohne in meine Richtung zu schauen.

Kaum hat er gesprochen, verwandelt sich die Beleuchtung in der Nanni in ein sanftes Rot. Nicht in dieses knallige, penetrante Rot, sondern in einen Rotton, der auf Steves Haut eine leichte Rosénote hinterlässt.

Steve ist einer dieser Fahrgäste, die erst mal ihre Ruhe brauchen. Solche Menschen sagen nichts und geben dir gleichzeitig zu verstehen, dass sie auch selbst nicht angesprochen werden möchten.

Ich befinde mich also in seiner „Don't talk to me"-Aura – unter meinem Hintern die holprige Landstraße, vor meiner Nase die Kilometeranzeige, die mich wissen lässt, dass wir noch seeeehr lange unterwegs sein werden.

Um mich nicht ganz so allein zu fühlen, stelle ich Musik an. Erst spielt sie ganz leise. Ich beobachte Steves Regungen ganz genau im Rückspiegel und drehe die Musik Stück für Stück ein wenig lauter. Und so fahren wir eine Weile zu dritt in Richtung Agra, der Stadt, die für den Taj Mahal bekannt ist – Steve, ich und eine Sängerin oder ein Sänger aus dem Radio.

Nicht selten bin ich versucht mitzusingen. Schließlich bin ich der beste Sänger im Osten Delhis bis zur Gandhi Street, Ecke Nehru Street. Ich lasse es aber sein und summe nur bei dem einen oder anderen Lied ein wenig mit. Es läuft ein bunter Mix aus klassischen indischen Liedern, modernen Bollywood-Klängen und Popmusik aus Europa und den USA.

Die ersten Takte eines neuen Liedes beginnen. Eine zarte Stimme setzt ein, sie gehört einem indischen Volkshelden. Es gibt keinen anderen nichtindischen Sänger, der dermaßen verehrt wird wie er: Michael Jackson. Jedes Kind aus dem noch so kleinsten Dorf kennt seine Lieder.

Ich weiß noch, wie ich als Kind von meinem Vater das Album *Thriller* auf Kassette geschenkt bekam – mitsamt einem Rekorder! Einer seiner Kunden hatte beides in einem Karton mit allerlei Krempel am Straßenrand gefunden, den offenbar jemand loswerden wollte. Ich hütete beides wie meinen Augapfel und wusste auf die Sekunde genau, wann jedes einzelne Lied begann. Bis heute bewahre ich die Kassette in einer Kiste unter meinem Bett auf.

„Kannst du ein anderes Lied suchen?!", platzt Steve in meine
Erinnerungen hinein.

„Aber ich liebe diesen Song *You are not alone*", sage ich und
beginne leise, den Refrain mitzusingen: „You are not alooone.
I am here with youuuu. Don't be far…"

„Bitte!!", wiederholt er eindringlich seinen Wunsch und ergänzt,
während ich das Lied wechsle, „das war unser Song…".

In dem Moment macht es bei mir Klick.

„Wo ist sie jetzt?", frage ich vorsichtig, da ich nicht weiß, ob die
Person, die seinen augenscheinlichen Herzschmerz verursacht hat,
noch lebt.

Irgendwann im Leben gibt es einen Punkt,
wo wir anfangen, eine Maske aufzusetzen.

„Alisa ist irgendwo in Berlin … mehr weiß ich nicht. Sie ist in
Berlin … und sollte eigentlich jetzt hier sein", sagt er und schaut
dabei auf den freien Platz neben sich auf der Rückbank.

In seinen Augen spiegelt sich die rote Farbe der Beleuchtung und
ich kann sehen, dass sie mit Tränen gefüllt sind.

Ich schweige eine Weile. Zum einen weiß ich nicht genau, was ich
sagen soll, zum anderen habe ich gelernt, dass man Menschen aus
schmerzlichen Augenblicken nicht immer unbedingt herausholen
muss, sondern dass sie genau in solchen Momenten innere Stärke
entwickeln.

„Wann habt ihr … also seid ihr … ich meine, ist die Trennung …",
ein wenig unbeholfen versuche ich, mehr zu erfahren.

„Schon gut, Rahul. Alisa und ich haben uns vor ein paar Monaten getrennt, aber es kommt mir immer noch wie gestern vor. Na ja, eigentlich hat sie sich von mir getrennt. Von jetzt auf gleich. Dabei hatten wir uns so auf unsere gemeinsame Indienreise gefreut. Wir hatten schon alles geplant: die Ankunft in Delhi, die Rikscha-Fahrt zum Taj Mahal …", sagt er derart traurig, dass ich ihn am liebsten umarmen würde. Jetzt verstehe ich auch, warum er so auf der Rikscha-Fahrt nach Agra bestanden hat und sich für keine andere Alternative begeistern konnte.

„Ich wollte ihr dort einen Heiratsantrag machen", fährt Steve fort, zieht eine kleine schwarze Schachtel aus seiner Jeans hervor und zeigt mir einen wunderschönen glänzenden Goldring.

„Wie lange wart ihr ein Paar?", frage ich.

„Wir waren fast sechs Jahre fest zusammen. Wir kannten uns aber schon seit unserem Studium an der Technischen Universität in Berlin", antwortet er und ergänzt: „Ich wollte diese Reise aber trotzdem unbedingt machen. Ich kann dir nicht genau sagen, warum, denn jeder Meter tut verdammt weh, aber ich musste diese Reise einfach machen, Rahul."

„Mir tut auch jeder Meter weh, aber das liegt an den holprigen Landstraßen und der schlechten Federung meiner Rikscha", werfe ich etwas gewagt ein.

Steve lächelt sanft und ich bin erleichtert, dass er trotz seiner Trauer den Sinn für Humor nicht verloren hat.

„Aber ich werde stark sein", sagt er und atmet dabei lange aus.

„Was macht denn einen starken Mann aus?", will ich wissen.

„Ich will nicht länger rumjammern. Ich will weitergehen, stark sein … nicht mehr weinen", antwortet Steve prompt, als hätte er dieses Credo auswendig gelernt.

„Ich finde es sehr, sehr stark, wenn Männer weinen", sage ich, und die Art, wie er daraufhin sein Gesicht verzieht, macht mir klar, dass ich meinen Gedanken noch weiter ausführen muss.

„Auch in Indien denken die Männer, dass Weinen eine Form von Schwäche sei. Sie lassen Gefühle nicht zu und gehen oft innerlich kaputt."

Bei diesen Worten muss ich an meinen Vater denken, der das Beste für uns wollte, aber mir bei jeder Träne, die mir als Kind kam, den Satz „Sei kein Mädchen!" an den Kopf warf. Nicht nur mein Frauenbild war durch solche Sätze lange Zeit verzerrt, sondern es fiel mir auch schwer, ein vernünftiges Bild von mir selbst zu entwickeln.

Seither wird mir immer mehr klar, wie wichtig es ist, zu den eigenen Gefühlen zu stehen. Wie oft lächeln wir, obwohl uns eigentlich zum Heulen zumute ist? Wie oft sagen wir „Ja", obwohl wir eigentlich „Nein" sagen möchten? Wie oft sagen wir „Es geht mir gut", obwohl es uns ganz und gar nicht gut geht?

Aber irgendwie ist es in Mode gekommen, ständig zu versuchen, anderen Menschen gerecht zu werden und so der wichtigsten Person nicht gerecht zu werden – uns selbst. Dabei sagte meine Mutter immer zu mir, dass es eine große Stärke sei, zu seinen Gefühlen zu stehen. Warum nur denken wir ständig, dass dies eine Schwäche sei?

Wir durchqueren gerade eine kleinere Stadt und neben uns fährt ein alter Jeep. Da sich Steve mal wieder in seine Unnahbarkeitsaura gehüllt hat, nehme ich mir die Zeit, um hinüberzuschauen. Am Steuer sitzt ein gepflegter junger Mann und hinten auf einem Kindersitz ein kleiner Junge, der lauthals weint. Der steht wirklich zu seinen Gefühlen, denke ich mir. Wie die meisten Kinder. Aber

irgendwann scheint es im Leben einen Moment zu geben,
wo wir plötzlich anfangen, mit einer Maske durch die Welt zu
laufen.

Der Vater dreht sich zu seinem Sohn um und fängt an, wilde
Grimassen zu schneiden, um sein Kind aufzuheitern. Was aber
offensichtlich nicht gelingt, wenn ich mir das durch das Kreischen
verzerrte Gesicht des Kindes anschaue. Doch so wie ein Clown
fortwährend Grimassen zieht, macht auch der Vater weiter und
gibt nicht auf.

Dabei ist ein Clown das perfekte Beispiel dafür, wie es ist, mit
einer Maske durchs Leben zu laufen. Sein Lachen ist aufgemalt
und selbst wenn der Clown traurig ist, kann das niemand sehen.
Das muss wirklich hart sein … schrecklich, überlege ich, … dann
ist man ja noch mehr allein.

Ich hebe den Kopf und sehe, dass Steve wieder aufmerksamer aus
dem Fenster schaut.

Dieses Wenn-dann-Denken wird uns
immer unglücklich machen.

„Weißt du, was das Wort ‚Depression‘ eigentlich bedeutet?", frage
ich, um ihn an meinen Gedanken teilhaben zu lassen.
„Depression …", überlegt er laut, „… heißt so viel wie … nein, um
ehrlich zu sein, kenne ich die genaue Bedeutung nicht."
„‚Pression‘ ist der Druck. Es gibt doch das englische Wort *pressure*.
Und ‚de‘ bedeutet so viel wie ‚nach innen kehren‘. Depression
entsteht also, wenn wir Druck nach innen kehren", sage ich ein

wenig stolz, dabei habe ich dies selbst erst vor wenigen Wochen
von einem Lateinlehrer gelernt, den ich fahren durfte.

Das liebe ich so an der Sprache. Man benutzt tagtäglich alle mög-
lichen Ausdrücke und manchmal, wenn man etwas genauer hin-
schaut, tun sich plötzlich Wahrheiten auf! Ich könnte stundenlang
über irgendwelche Formulierungen nachdenken, deshalb lang-
weile ich mich auch nie in meiner Rikscha, selbst wenn mal wenig
los ist.

Steve scheint allerdings mit seinen Gedanken inzwischen woan-
ders gelandet zu sein.

„Weißt du, Rahul, ich habe für diese Frau doch alles gemacht.
Alles!", sagt er mit einer für ihn ziemlich lauten Stimme.

Ich blicke im Rückspiegel in sein eher feines Gesicht und erkenne,
wie er sich dabei auf die Lippen beißt.

„Tja, und das ist oft das Problem", entgegne ich. „... du hast alles
für sie gemacht. Und jetzt?! Hast du damit das Recht erworben,
von ihr geliebt zu werden? Ich tue etwas für sie – also hat sie die
Pflicht, etwas für mich zu tun. Ich sage ihr ‚Ich liebe dich' – also
muss sie sagen, dass auch sie mich liebt ... Aber so läuft das doch
nicht, Steve."

Steve wird ganz still. Vielleicht auch, weil er merkt, dass mir dieses
Thema ebenfalls sehr nahegeht.

„Ja, aber wenn wir verheiratet gewesen wären und Kinder bekommen hätten, dann wären wir die glücklichsten Menschen auf
Erden gewesen", sagt er und ich setze fort „... ja, und wenn ich
ein schönes Auto habe, dann bin ich stolz. Und wenn ich einen
gut bezahlten Beruf habe, dann fühle ich mich wertvoll ...
Wenn ... dann ..., wenn ... dann ... Dieses Wenn-dann-Denken
wird uns immer unglücklich machen, Steve. Immer wenn wir ein

bestimmtes Gefühl mit dem Erreichen einer Sache verknüpfen, haben wir doch schon verloren."

„Okay, Rahul, mag ja sein, aber wenn ich im Lotto gewinne, dann bin ich doch echt glücklich!", sagt Steve voller Überzeugung.

„Es gibt eine wirklich interessante Studie, die herausgefunden hat, dass wir nach drei Monaten wieder den gleichen Glückszustand haben wie zuvor – und zwar egal, was passiert: ob Lottogewinn oder der Tod eines Freundes", antworte ich ihm, als hätte ich selbst die Studie erhoben, dabei hat mir mein Stammgast Professor Devi von der Universität Delhi bei unserer letzten Fahrt davon erzählt. „Es gibt also nicht diesen einen Moment, der alles verändert ..., an dem wir plötzlich glücklich werden. Und schon gar nicht, wenn andere dafür verantwortlich sein sollen."

Als Professor Devi mir von der Studie erzählte, war ich auch total überrascht. Ich hatte tausend Fragen, mit denen ich ihn löcherte, als wir schon vor dem Hauptgebäude der Uni standen, und er war so freundlich, noch einige Minuten sitzen zu bleiben, um mir einige davon zu beantworten, bis er schließlich zu seiner Vorlesung musste. Seither habe ich ziemlich viel darüber nachgedacht und irgendwann fiel mir auf, dass das, was Professor Devi sagte, ziemlich gut zu dem passte, was mein Großvater immer sagte ...

Wir halten an einem der seltenen Zebrastreifen auf der Landstraße. Ein paar Fußgänger und Fahrradfahrer wollen die Straße überqueren. Zunächst warten sie noch kurz ab, ob ich nicht doch wieder Gas gebe, denn in Indien gibt es zwar Straßenschilder und Zebrastreifen, aber sie sind weniger als Gesetz zu verstehen, sondern eher als ein Vorschlag. Nach ein paar Sekunden des Misstrauens laufen die Fußgänger los und die Fahrradfahrer treten in die Pedale. Zwei Fahrradfahrer fahren dabei nebeneinander her und scherzen laut miteinander. Ich warte noch kurz ab, schaue nach rechts, um mich zu vergewissern, dass nicht doch noch ein Kamikaze-Radfahrer angerast kommt, und fahre wieder los.

„Hast du eben die beiden Fahrradfahrer gesehen, Steve?"

„Die beiden, die gerade so laut gelacht haben?"

„Ja, genau die", sage ich.

„Nee, die habe ich nicht gesehen, Rahul."

Ich ziehe die Augenbrauen verwundert zusammen, und als ich im Rückspiegel Steves verschmitztes Lächeln sehe, bin ich es, der jetzt laut loslacht.

„Beziehungen funktionieren am besten, wenn beide Partner auf ihrem eigenen Fahrrad fahren", greife ich meinen Gedanken wieder auf. „Das ist ein Bild, das mein ältester Bruder gerne verwendet. Er ist schon seit vielen Jahren verheiratet. Wenn jeder auf seinem eigenen Rad sitzt, kann man als Paar gemeinsam Strecken zurücklegen. Mal sagt der eine, wo's langgeht, mal der andere. So macht die Reise Spaß. Viele Partner, sagt mein Bruder, sitzen aber auf einem Tandem. Der eine radelt und radelt, während der andere keine Energie mehr hineinsteckt und sich einfach mittragen lässt. Der eine lenkt nach links und der andere muss gezwungenermaßen mit nach links. Auf dem Tandem sind beide voneinander abhängig", fasse ich die Lebensweisheit meines Bruders zusammen.

„Außerdem konnten sich die beiden Fahrradfahrer gerade eben in die Augen schauen", ergänzt Steve. „Sie begegnen sich bei ihrer Unterhaltung auf Augenhöhe. Und das ist auf dem Tandem ja auch eher etwas schwierig."

Ich lächle und freue mich, dass Steve verstanden hat, worauf ich hinauswollte. Wir fahren eine Zeit lang, ohne zu sprechen …

zumindest benutzen wir unsere Stimmen nicht, denn man kann ja nicht *nicht* sprechen.

Steve genießt offenbar den Blick aus der Rikscha... die uralten Tempel, die zahmen Affen, die auf der Straße herumlaufen, die laute Musik, die schrill aus den viel zu alten Boxen dringt...

„Rahul, was ist dir passiert, dass du all das so verstanden hast?", fragt mich Steve, während er weiter die Landschaft betrachtet.

Ich weiß, dass Steve mich längst durchschaut hat, und schäme mich nicht, von mir zu erzählen: „Meine Alisa hieß Jamuna und wir waren bereits verlobt. Wir fuhren damals auf unserem Tandem durch die Welt und ich merkte nicht, wie sehr ich von ihr und ihrer Bestätigung abhängig war."

„Und woran ist eure Beziehung gescheitert?", fragt mich Steve ganz direkt.

Ohne groß zu überlegen sage ich: „Weißt du, Steve, das Leben besteht nur aus Augenblicken. Und nichts ist selbstverständlich. Ich kann dich nicht als Fahrgast einsteigen lassen und dir dann die Fahrt über keine schönen Augenblicke mehr bescheren. Im besten Fall kommst du unzufrieden am Taj Mahal an oder aber du steigst auf dem Weg dorthin aus, weil du dich nicht mehr wertgeschätzt fühlst... was ich total verstehen könnte. Nun... Jamuna ist auf unserem Weg ausgestiegen."

Wie oft habe ich darüber nachgedacht! Wie oft habe ich überlegt, was ich anders hätte machen können oder anders machen sollen – bis mir irgendwann klar wurde, dass es ein Problem ist, das uns alle betrifft. Also, ich will damit nicht sagen, dass alle Menschen in Jamuna verliebt sind oder waren, das wäre ja schon sehr merkwürdig, sondern dass wir Menschen eben eine ganz besondere Spezies sind.

Wir gewöhnen uns sehr schnell an alles: an die guten Dinge und auch an die schlechten Dinge. An das neue Auto und auch an den Verlust eines Freundes. Viel zu oft gewöhnen wir uns an die Liebe, die uns entgegengebracht wird, an Ungerechtigkeit oder daran, wie gut es uns eigentlich geht. Und in diesem Sinne verhält es sich leider auch viel zu oft mit dem Wert eines Menschen.

In einer Beziehung kommt es doch genau darauf an, Momente zu meistern.

Ich kannte Jamuna vom Sehen. Ihr Lachen, ihr langes schwarzes Haar, ihre fröhliche Art ... all das zog mich extrem an und ich wollte sie unbedingt kennenlernen. Damals hatte sie einen unfassbar hohen Wert für mich.

Ich tat alles Mögliche, um überhaupt von ihr wahrgenommen zu werden. So ließ ich ihr damals jeden Mittwoch und Sonntag frische Kichererbsen-Wadas vom Markt zu ihrer Arbeitsstelle liefern, weil ich wusste, dass sie Wadas liebte, und ich mir zu der Zeit nichts sehnlicher wünschte, als dass wenigstens ein kleiner Teil ihrer Wertschätzung der Wadas auf mich überspringen würde. Als das dann tatsächlich geschah, war ich der glücklichste Riksha-Fahrer ... nein, der glücklichste Mensch der Welt.

Wir wurden also ein Paar und erlebten unglaublich viele schöne Dinge zusammen. Anfangs konnte ich es kaum fassen, dass ich es war, der neben dieser Frau mit den niedlichsten Grübchen der Welt herging!

Aber irgendwann wurde sie für mich selbstverständlich. Freute ich mich zu Anfang über jedes Haar, das ich von ihr fand, so regte ich mich nach einer gewissen Zeit über genau jene Haare im Duschabfluss auf. Ihr Wert als Mensch war für mich gesunken. Es war für mich normal, dass sie in meinem Leben war.

Es gelang mir nicht mehr, den Augenblick mit ihr zu genießen. Dabei kommt es doch in einer Beziehung genau darauf an: Momente zu kreieren. Mehr braucht es nicht. Wir warten immer auf den perfekten Moment und sind enttäuscht, wenn er nicht eintritt. Nimm dir lieber einen Moment und mach ihn perfekt! Das tat ich immer seltener und irgendwann fast gar nicht mehr. Und dann war ich plötzlich allein. Ich fiel in ein tiefes Loch. Ich sprach zu dieser Zeit mit keinem meiner Fahrgäste und starrte tagein, tagaus nur auf die Straße. Jede noch so kurze Fahrt kam mir unendlich lang vor.

Und plötzlich war Jamunas Wert als Mensch für mich wieder gestiegen. In diesem Gefühl grenzenloser Einsamkeit hätte ich alles dafür getan, sie wieder in meinem Leben zu haben. Und wenn ich alles sage, dann meine ich alles und rede jetzt nicht davon, ihr irgendwelche Wadas zu schicken.

Ich reiße mich von meinen Erinnerungen los: „Ich habe ihre Gegenwart nicht mehr als Geschenk wahrgenommen, sondern …"

„… als selbstverständlich", ergänzt Steve meinen Satz.

Ihm kommt das anscheinend auch nicht ganz unbekannt vor. Nach einer Pause fragt er: „Und wer hat sich getrennt?"

„Ach … wenn sich zwei Menschen voneinander trennen, dann hat sich jeder vom anderen und von der gemeinsamen Vision getrennt. Einer spricht die Trennung vielleicht aus, aber im Prinzip haben sich beide entfernt. Jamuna hat sie ausgesprochen."

Wir fahren noch einige Kilometer, unterhalten uns über dieses und jenes, über unsere Jugend und unser Lieblingsessen. Übers Essen reden wir nicht ohne Grund, denn Steve und ich haben mittlerweile ziemlich großen Hunger. Da meine Nanni nur eine Frontscheibe hat, finden von allen anderen Seiten die Essensgerüche der unzähligen kleinen Restaurants und Imbissstände am Straßenrand ihren Weg in unsere Nasen.

„Wollen wir anhalten und etwas essen?", fragt Steve und ich stoße ein freudiges „Yes!!" aus, da ich mich als Fahrer nicht getraut hätte, das vorzuschlagen.

Wir nähern uns einem Imbissstand, an dem Fisch mit Reis auf kleinen Bananenblättern serviert wird, und ohne Steve zu fragen, ob er überhaupt Lust darauf hat, fahre ich links an den Straßenrand. Mein Hunger duldet in diesem Moment keine langen Diskussionen über kulinarische Präferenzen.

Ich sehe den Verkäufer an und gebe ihm mit meinem Ring- und Mittelfinger zu verstehen, dass ich zwei Gerichte ordern möchte. Er bestätigt meine Bestellung mit dem typisch indischen Kopfwackeln. Der Imbissstand hat den Namen „Fast Food" wirklich verdient, denn nur wenige Minuten später stellt ein stämmiger Inder mit breitem Grinsen, das den Blick auf eine ausgeprägte Zahnlücke freigibt, den Fisch vor uns hin.

Wir gehen zu einem Stehtisch, an dem bereits ein älterer Mann steht, und fangen an zu essen.

„Ich liebe Fisch", sage ich, als ich ein weiteres Mal in den krossen Fisch beiße. Ich esse, wie es in Indien üblich ist, mit meinen Händen, während Steve geschickt mit Messer und Gabel hantiert. Daraufhin wendet sich der ältere Mann mir zu und sagt:

„Du liebst den Fisch garantiert nicht!"

Ich schlucke den Bissen hinunter, sehe den Mann an, neige den Kopf ein wenig zur Seite und frage: „Wie meinen Sie das?" Er hat ein derart freundliches Gesicht, dass ich mir sicher bin, dass er diesen Satz nicht böse gemeint hat.

„Du liebst den Fisch nicht, mein Junge. Wenn du den Fisch lieben würdest, dann würdest du nicht wollen, dass er gefangen, getötet, hierhertransportiert und gebraten wird. Und du würdest ihn ganz bestimmt nicht essen, wenn du ihn lieben würdest. Meine Mama hat auch immer gesagt, dass sie mich liebt – aber gegessen hat sie mich nie", lacht der ältere Herr, wobei sein schöner grauer Schnurrbart leicht mitbebt.

Ich muss – obwohl ich mich irgendwie erwischt fühle – ebenfalls lachen und stammele nur etwas wie „Ja … also … Sie wissen doch, was ich meine …"

Er unterbricht mich ganz freundlich: „Du liebst nicht den Fisch, Junge. Du liebst das Gefühl, das dir der Fisch gibt, wenn du ihn isst. Du liebst dich."

Ich muss so sehr über seine Worte nachdenken, dass ich darauf gar nichts mehr antworten kann.

Steve und ich essen zu Ende, steigen in die Nanni und fahren weiter in Richtung Agra. Ich kann Steve ansehen, dass auch er über die Worte des Mannes nachdenkt.

„Weißt du, Steve, vielleicht haben Jamuna und ich oder Alisa und du auch diese ‚Fischliebe' geführt. Vielleicht haben du und ich ‚Ich liebe dich' gesagt, aber wir haben vor allem das Gefühl geliebt, das die Frauen uns gaben", sage ich, während über uns eine Tafel erscheint, auf der ‚Taj Mahal – 32 km' steht. In etwa einer Stunde sind wir also am Ziel.

Fischliebe ist ein toller Ausdruck, den nehme ich jetzt offiziell·in meinen Wortschatz auf. Denn so ist es doch: Wenn wir vom anderen etwas erwarten, das wir uns selbst nicht geben können, hat die Beziehung keine echte Chance. Wir müssen uns selbst mögen und zu uns stehen, erst dann können wir und unser Partner uns wie zwei Radfahrer auf Augenhöhe begegnen. Ansonsten ist die Beziehung vermutlich von Anfang an dazu verdammt, eine Fischliebe zu sein, was ja schon irgendwie kalt und nicht sehr liebevoll klingt. Außerdem: Hat irgendwer schon mal zwei Fische auf einem Fahrrad gesehen …?

Es vergeht eine weitere Viertelstunde, bevor ich wieder in den Rückspiegel schaue. Steves sieht noch immer nicht komplett glücklich aus, aber seine Gesichtszüge sind schon wesentlich entspannter als noch am Anfang unserer gemeinsamen Reise. „Weißt du, Steve …", fange ich wieder an zu sprechen, „ich habe einen Freund … Janam. Er ist auch Rikscha-Fahrer. Wir standen einmal am Rikscha-Stand am Bahnhof und er, ich und andere Rikscha-Fahrer schauten auf unseren Handys die schnellen, modernen Taxis in den USA an. Das machen wir hin und wieder – vorhin, als du kamst, übrigens auch … Und wir stellten uns vor, dass wir in diesen Taxis säßen und die Menschen durch die Gegend fahren würden. Und wir dachten darüber nach, wie viel glücklicher wir doch wären, wenn wir in diesen Autos sitzen würden. In jenem Moment gab mir Janam eine buddhistische Lehre mit auf den Weg, die ich nie vergessen werde: ,Egal, *wohin* ich fahre, ich nehme mich selbst immer mit. Egal, *worin* ich fahre, ich nehme mich selbst immer mit.'"

Steve schaut mir im Rückspiegel in die Augen, überlegt kurz, nickt und sagt lächelnd: „Ich bin aber sehr froh, Rahul, dass du mich dieses Mal auch mitgenommen hast."

Wir fahren etwa zwanzig Minuten und stoßen dann auf eine sehr
belebte Straße in Agra, die direkt zum Taj Mahal führt.

Jahr für Jahr kommen unzählige Menschen aus aller Welt her, um
dieses Bauwerk zu betrachten, das zu den sieben Weltwundern
zählt. Vielleicht kommen sie, um die Magie zu spüren, die dieses
Mausoleum umgibt. Vielleicht kommen sie, so wie Steve, um eine
Antwort zu finden. Die Antwort auf eine Frage, die sie vielleicht
nie gestellt haben.

Viele von ihnen sind auf der Suche nach Liebe. Nach der wahren
Liebe. Es heißt, man solle diesen Ort mit dem Menschen
besuchen, mit dem man für immer zusammenbleiben möchte.

*Versprich mir, dich immer um die wichtigste
Beziehung in deinem Leben zu kümmern.*

Nun durfte ich Steve kennenlernen, der diesen Ort alleine besucht.
Aber man selbst ist ja auch der Mensch, mit dem man für immer
zusammenbleibt. Wie Janam so treffend sagte: „Wohin ich
fahre …" Wir biegen ein letztes Mal um die Ecke und dann erhebt
sich vor unseren Augen das aus weißem Marmor erbaute Monu-
ment. Die Sonne steht schon tief und es sieht so aus, als würde
von der großen Kuppel ein zartes rosafarbenes Leuchten ausgehen.
Obwohl ich den Taj Mahal schon so oft im Internet oder in
irgendwelchen Filmen gesehen habe, raubt mir sein Anblick den
Atem. Auch Steve ist bewegt. Er schaut mit offenem Mund auf das
Grabmal, das der Großmogul Shah Jahan im 17. Jahrhundert für
seine verstorbene Ehefrau Mumtaz Mahal erbauen ließ.

Ich lächle und lasse ihn für einen kurzen Augenblick mit seinen Gedanken allein. Ich kann nur erahnen, was er fühlt. Er hat diesen Moment schon so oft vor seinem geistigen Auge gesehen. Und nun ist er hier, doch das Gefühl ist ein völlig anderes.

„Was kriegst du von mir, Rahul?"

„Die Fahrt ist kostenlos, du zahlst nur für ein Lebensgefühl, Steve", sage ich grinsend und setze dann hinzu: „1200 Rupien und ein Versprechen bekomme ich von dir."

Er gibt mir 1300 Rupien und sagt: „Das stimmt so. Ich danke dir für diese Fahrt."

Er putzt seine Brille mit einem kleinen Samttuch und steigt aus. Er legt seine Hand auf das Dach der Nanni, beugt sich zu mir herunter und fragt: „… und was soll ich dir versprechen, Rahul?"

„Versprich mir, dich immer um die wichtigste Beziehung in deinem Leben zu kümmern", sage ich.

Er schaut mich an, berührt mich an der Schulter und sagt mit einem Lächeln: „… die Beziehung zu mir selbst!"

Ich nicke kurz, stecke das Geld in die Brusttasche meines Hemdes und beobachte, wie Steve zunächst etwas zögerlich und dann mit immer größeren Schritten auf den Taj Mahal zuläuft.

SCANN MICH MIT DER APP!

Unterwegs mit dem jüngsten Rockstar von Neu-Delhi

P iep. Piep. Piep." Diesen Weckerton habe ich eigentlich noch nie gemocht. Ich bin aber auch irgendwie zu faul, ihn zu ändern. Also genau jetzt müsste ich ihn eigentlich ändern. Denn später vergesse ich es wieder, das weiß ich aus Erfahrung. Erst beim nächsten „Piep. Piep. Piep" kommt es mir dann wieder in den Sinn.

Das erleben wir doch jeden Tag. Ich meine nicht unbedingt dieses Gefühl, das ich jetzt gerade in Bezug auf meinen Wecker habe, sondern eher das Gefühl, etwas ändern zu müssen, wenn uns etwas stört. Aber oft unternehmen wir nichts. Und im Laufe des Tages, wenn wir abgelenkt oder mit irgendwas anderem beschäftigt sind, vergessen wir dann, die Dinge zu ändern, die wir seit Ewigkeiten ändern wollen.

Ich will noch nicht aufstehen und hänge meinen Gedanken nach. Eigentlich doch witzig: Der Mensch ist das einzige Lebewesen, das seinen Schlaf mit einem Wecker künstlich unterbricht. In meinem Fall mit einem lauten „Piep. Piep. Piep". Alle anderen Lebewesen schlafen ein und wachen im Einklang mit der Natur wieder auf. Okay ... die meisten Tiere können auch keine Uhr lesen, geschweige denn einen Wecker bedienen ...

„If you snooze, you lose!" Das sagte mein Onkel immer, der als junger Mann mal eine Zeit lang in Amerika gearbeitet hatte. „Wenn du die Snooze-Taste drückst und nicht sofort aufstehst, kommst du im Leben nicht weit." Das klang irgendwie logisch, aber keiner von uns hatte je einen Wecker mit Snooze-Taste gesehen.

> *Ich möchte, dass jeder, der bei mir einsteigt,*
> *ein wenig glücklicher wieder aussteigt.*

Wie mein Vater trug auch mein Onkel einen kräftigen Schnurrbart, den er immer sehr pflegte und auf den er sehr stolz war. Ich dachte damals, dass jeder Inder einen Schnurrbart hatte, ja, ich war überzeugt, dass der Bart nur an dieser Stelle unterhalb der Nase wachsen würde.

Also los! Mit einem Schwung stehe ich senkrecht im Zimmer.

„Träume nicht dein Leben, sondern lebe deinen Traum" – dieses Poster ist das Erste, was ich jeden Morgen anschaue. Und auch wenn ich schon so oft über diesen Spruch nachgedacht habe, verliert er nie seine Wahrheit: Manche Menschen bleiben liegen und träumen weiter. Andere stehen auf und leben ihren Traum … und wieder andere brauchen eben ein paar Anläufe, bevor sie den Wecker ausstellen und anfangen, ihren Traum zu leben.

Mein Traum ist es, eines Tages nach Nepal zu fahren. Wie mein Großvater. Also nicht, um dort für immer und ewig zu bleiben, sondern ich will einfach mal sehen, wie es dort so ist. Daadaa hat mir viel von der Landschaft und den Menschen dort erzählt, von den schneebedeckten Bergen, der klaren Luft und dem Gefühl, einmal ganz oben zu stehen und hinab ins Tal zu blicken. Das will ich unbedingt auch mal!

Später habe ich dann einen Film über eine Gruppe Australier gesehen, die eine Tour durch Nepal machten. Und obwohl ich nicht alles verstand, was die Leute sagten – sie sprachen nämlich ein ziemlich komisches Englisch –, sah ich ihr Lächeln … den Glanz in ihren Augen … ihre Freude bei allem, was sie sagten. Es ging weniger darum, was sie sagten, als darum, wie sie es sagten.

Ich gehe in mein kleines Badezimmer und fange an, mir die Zähne zu putzen. Eigentlich schon interessant: Als Kind mochte es keiner von uns, sich die Zähne zu putzen. Aber je öfter wir es taten und je mehr wir den Sinn davon verstanden, desto natürlicher wurde es für uns. Und wenn das beim Zähneputzen klappt, dann müsste es doch eigentlich auch bei anderen Dingen funktionieren und ich überlege, was ich nach dem gleichen Prinzip alles ändern könnte: eine neue Essroutine, um mein kleines Bäuchlein zu reduzieren. Eine neue Sportroutine, um mich wieder fitter zu fühlen. Eine neue Leseroutine, um mich weiterzubilden …

Als ich merke, dass mein Backenzahn bereits mehr als genug von meiner Zahnbürste bearbeitet worden ist, lege ich die Bürste beiseite, ziehe mich an und gehe nach draußen zu meiner Nanni.

Ich bin noch nicht lange unterwegs, als ich am Ende der Straße eine Frau in einem roten Sari sehe, die mich heranwinkt. Als ich näher komme, entdecke ich neben ihr einen Jungen, der eine Gitarrentasche dabeihat. Er ist vielleicht elf oder zwölf Jahre alt.

„Mein Sohn müsste zur Musikschule gebracht werden", ruft die Mutter, noch bevor ich ganz zum Stehen gekommen bin.

Ich schmeiße die Tüte Erdnüsse, die ich gerade esse, auf die Ablage vor mir und sage: „Na, dann mal los."

Der Bursche nimmt Platz und stellt die Gitarre zwischen seine Beine. Die Mutter beugt sich von außen zu mir: „Was kostet eine Fahrt zur Musikschule in Delhi-Süd?"

„Ach wissen Sie, die Fahrt ist gratis. Sie zahlen nur für das Lebensgefühl, das Ihr Sohn auf der Fahrt von mir erhält", antworte ich.

„Ach so, okay … wie dem auch sei … Also, was macht das Ganze insgesamt?", fragt sie dieses Mal etwas energischer.

„Geben Sie mir neunzig Rupien. Das passt schon so."

Sie gibt mir die neunzig Rupien und bittet mich, vorsichtig zu fahren. Dann beugt sie sich zu ihrem Sohn und gibt ihm einen Kuss auf die Wange.

„Viel Spaß, Jobin, und genieß das 90-Rupien-Lebensgefühl."

Humor hat sie auf jeden Fall …

Ich starte den Motor und lächle die Frau an: „Machen Sie sich keine Sorgen. Ich passe gut auf Jobin und mich auf."

Sie nickt mir zu und wir fahren los. Im Außenspiegel kann ich noch beobachten, wie sie ihrem Sohn hinterherwinkt.

„Cool, kann man die Lampen anmachen?" Jobin schaut nach oben und entdeckt die kleinen Neonlichter der Nanni.

„Klar. Hast du eine Lieblingsfarbe?", frage ich ihn.

Er überlegt kurz. „Hm, ich mag Blau."

Ich knipse den Schalter an und drehe an dem kleinen Rädchen zum Einstellen der Lichtfarbe. Gelb … grün … blau …

„Gefällt dir das so, Jobin?", frage ich ihn.

„Joah, ist cool …"

Begeisterung klingt zwar anders, aber solange das Wort „cool" irgendwie in dem Satz auftaucht, kann es nicht so schlimm sein, denke ich mir.

„Wie heißt du?", will Jobin wissen.

„Rahul."

„Was heißt Rahul?", schießt Jobin die nächste Frage hinterher.

„Rahul bedeutet ‚Bezwinger des Elends'."

„Und bist du das?", hakt er nach.

Angst beginnt im Kopf. Mut auch.

Puh. Gute Frage. Werde ich meinem Namen gerecht? Dafür müsste ich zunächst einmal Elend definieren. Bedeutet Elend, dass es einem an materiellen Dingen mangelt? Oder dass man leidet, weil man Schmerzen oder eine schlimme Krankheit hat? Aber was ist mit einem reichen, gesunden Menschen, der einsam ist? Der fühlt sich doch auch elend? … Ein ziemlich weites Feld.

„Weißt du, Jobin, ich habe ein Credo … also ich habe einen Grundsatz: Ich möchte, dass jeder Mensch, der mir begegnet, glücklicher weitergeht. Und ich möchte, dass jeder, der bei mir einsteigt, ein wenig glücklicher wieder aussteigt", erkläre ich.

„Okay", antwortet Jobin trocken, „… und warum willst du das?"

„Weil ich es mag, wenn die Menschen um mich herum glücklich
sind", sage ich.

„Und warum magst du das?"

Warum ich das mag? Eine gute Frage. Eine simple Frage. Darüber
habe ich mir noch nie Gedanken gemacht. Ist es nicht normal,
dass man will, dass alle um einen herum glücklich sind? Oder
andersherum gefragt: Gibt es tatsächlich Menschen, die das
Gegenteil möchten oder denen es egal ist?

„… Weißt du, Jobin, als ich ungefähr in deinem Alter war, haben
meine Eltern immer wieder zu mir gesagt: ,Hinterlasse die Welt
ein bisschen besser, als du sie vorgefunden hast.' Und ich glaube,
dass ich das so schaffen kann."

Ich erwarte das nächste Warum von Jobin, doch zu meinem
Erstaunen bleibt es aus.

Ja, ich glaube, es ist meine persönliche Motivation, meinen Fahrgästen ein bestimmtes Lebensgefühl zu geben. Ich habe viele
Menschen in meine Nanni ein- und aussteigen sehen, die auf der
Suche nach ihrer Motivation waren. Nach ihrer Motivation für
den Job. Ihrer Motivation für die Beziehung. Ihrer Motivation für
den Sport. Ihrer Motivation, morgens aufzustehen. Dabei steckt
die Antwort doch in dem Wort selbst: Motiv-ation. Es ist schlicht-
weg das Motiv, das wir kennen müssen. So wird in Thrillern oder
Krimiserien oft vom Motiv des Mörders gesprochen. Anders
ausgedrückt bedeutet das: Was war das Warum des Mörders?
Warum hat er die Tat begangen?

Und genauso muss auch jeder von uns sein persönliches Motiv,
sein Warum kennen. Kennt man sein Warum für den Job, ist
man motiviert für den Job. Kennt man sein Warum für den
Sport, ist man motiviert für den Sport. Im Grunde bräuchten

all die Leute, die auf der Suche nach ihrer Motivation sind, nur einen kleinen Jobin, der immer wieder fragt: „Warum?"

„… und warum bist du Rikscha-Fahrer geworden, Rahul?", platzt Jobin in meine Gedanken hinein.

Uff, der Junge stellt echt viele Fragen. Ich habe letztens einen Bericht gelesen, in dem stand, dass Kinder am Tag ungefähr vierhundert Fragen stellen. Das ist wahrscheinlich auch der Grund, weshalb sie so schnell und so viel in relativ kurzer Zeit lernen. Ich meine … wie viele Fragen stellen Erwachsene noch?

Jobins Frage lässt mich an früher denken. Unsere Hütte lag am Rand des Slums und ganz in der Nähe war eine Straße mit einem Rikscha-Stand. Ich war fasziniert von den Rikschas und setzte mich so oft es ging auf eine kleine Mauer daneben und schaute einfach zu, wie die Rikschas kamen und wieder abfuhren. Das konnte ich stundenlang tun. Ein Rikscha-Fahrer faszinierte mich besonders: Er schwang sich immer besonders lässig auf seinen Sitz und schien immer gute Laune zu haben. Damals fasste ich einen Entschluss: Wenn ich groß bin, werde ich den Slum verlassen. Ich werde der erste Rikscha-Fahrer der Familie Kumar sein!

Tja, der Weg war nicht immer leicht, aber nun hat es ja geklappt. Und inzwischen freue ich mich auch über einen anderen Aspekt meiner Tätigkeit.

„Ich liebe es, frei zu sein, Jobin. Und in meiner Rikscha bin ich das. Ich rieche Freiheit, wenn der Duft von frischen Dosas in meine Rikscha strömt. Ich höre Freiheit, wenn der Lärm von Delhis Straßen in meine Rikscha dringt. Ich schmecke Freiheit, wenn ich am Ozean entlangfahre und sich die salzige Meeresluft auf meine Zunge legt … und ich spüre Freiheit, wenn ich in den Rückspiegel schaue und mein Fahrgast mir ein Lächeln schenkt."

Ich schaue ganz langsam in den Rückspiegel und sehe das breite Grinsen von Jobin.

„Wenn ich mal groß bin, möchte ich in einer Band spielen. In riesigen Hallen vor Tausenden Fans." Seine Augen strahlen bei diesen Worten. „… aber Mama sagt mir immer, dass ich einen anständigen Beruf erlernen soll… Anwalt oder Arzt."

Er senkt den Blick und umfasst seine Gitarre, als sei sie ein Rettungsanker.

„Weißt du, woher das Wort ‚Beruf' stammt?", frage ich ihn.

Er überlegt kurz und schüttelt dann den Kopf: „Nö, woher?"

„Beruf stammt von Berufung", erkläre ich.

„Berufung? Was ist das?"

„Ja also… ähm… wenn du dich zu etwas berufen fühlst, dann äh… ist das so wie ein inneres Feuer. Es brennt in dir und du kannst nicht aufhören, daran zu denken", fahre ich ein wenig holprig fort.

„Ja, aber arbeiten muss doch jeder", wirft Jobin ein.

„Das stimmt", sage ich, „… aber wenn du liebst, was du tust, musst du niemals arbeiten."

Ich will den Satz noch etwas näher erläutern, aber dann beschließe ich, ihn einfach stehen und wirken zu lassen. Ich bin überzeugt davon, dass jede Botschaft in einem bestimmten Moment im Leben schon verstanden wird.

„Freust du dich schon auf den Musikunterricht?", frage ich Jobin, der auf der Gitarrentasche trommelt und mit den Füßen wippt.

„Es geht, ich mag den Unterricht nicht so, Rahul", antwortet er und zieht dabei ein Gesicht, als ob ich ihm gerade Hausarrest gegeben hätte.

„Aber du willst doch auf großen Bühnen stehen, hast du gerade gesagt …", erwidere ich etwas überrascht.

„Will ich ja auch! Aber das Üben macht mir nicht so viel Spaß."

Wir fahren auf eine Ampel zu, die von Grün auf Orange und letztlich auf Rot springt. Da die Ampelphasen in Delhi für gewöhnlich einige Minuten dauern, stelle ich den Motor ab.

„Schau mal, Jobin", rufe ich, und als er sich ein wenig zu mir beugt, deute ich mit dem Zeigfinger nach vorne.

Zwischen den wartenden Autos steht ein sehr schmaler Mann mit freiem Oberkörper, der lediglich ein typisch indisches Tuch um die Hüften geschwungen hat. In seinen Händen hält er fünf mit Sand gefüllte Wasserflaschen. Er wirft die erste Flasche in die Luft und schon nach kurzer Zeit folgen die Flaschen zwei und drei. Geschickt jongliert er mit diesen drei Flaschen, bevor er Nummer vier und fünf hinzunimmt. Seine Hände bewegt er dabei so schnell, dass es scheint, als hätte er vier Arme wie Lakshmi, die hinduistische Göttin der Liebe. Scheinbar mühelos schleudert er die Flaschen durch seine Beine hindurch in die Luft und grinst dabei auch noch so, als fände er es witzig, dass wir Normalsterblichen das nicht können. Ich drehe mich zu Jobin um.

„Na, was denkst du? Konnte er das schon immer?", frage ich.

„Ich … ich glaube nicht", antwortet Jobin und weicht mit seinem Blick keine Sekunde vom Jongleur.

„Nein, das konnte er mit Sicherheit nicht schon immer. Vielleicht saß er irgendwann genauso da wie wir und beobachtete einen Jongleur aus der Ferne. Und vielleicht war das der Moment, in dem er entschied, es selbst zu probieren. Und viele Jahre später, viele Enttäuschungen später, viel Frust, Ärger und Wut später, viele kaputte Flaschen später … steht er jetzt hier."

Jobin antwortet nicht auf meine Worte. Muss er auch nicht. Ich glaube, dass er mich verstanden hat.

Denn so ist es doch: Vieles im Leben benötigt eine erste Anstrengung. Meine Nanni verbraucht auf den ersten Metern den meisten Sprit, ein Zug, ein Flugzeug ebenfalls, der Flug der Vögel oder unser Gang benötigen die meiste Energie am Anfang. Und auch bei kleinen, banalen Dingen spüren wir, dass etwas mehr Anstrengung nötig ist: der erste Schritt, den wir auf einen Menschen zugehen, das erste Mal den Telefonhörer in die Hand nehmen, die erste Seite eines Buches lesen … Wir müssten nur darauf vertrauen, dass diese Anstrengung sich lohnt und wir schon bald in einen Flow kommen werden. Denn jedem Anfang wohnt ja schließlich nicht nur Anstrengung, sondern auch ein Zauber inne. Eine Flasche, noch eine Flasche … der Mann weiß wirklich, was zu tun ist, um die Menschen zu begeistern. Also zumindest weiß er, was zu tun ist, um mich zu begeistern. Denn viele schauen ihn während des Jonglierens nicht einmal an. Warum nur? Wahrscheinlich denken sie, dass sie gezwungen sind, ihm Geld zu geben, wenn sie ihm zuschauen. Doch das glaube ich nicht. Ich bin mir sicher, dass der Mann seine Kunst liebt. Und der Lohn für seine Kunst ist nicht unbedingt Geld, sondern Anerkennung. Ein lächelnder Blick, ein warmer Applaus.

Egal was wir tun, um etwas zu verdienen … zunächst müssen wir dienen. Ja! Verdienen kommt von dienen. Wenn ich meinen Lohn verdienen möchte, dann muss ich den Fahrgästen in meiner Nanni dienen. Das heißt, ich diene ihnen mit Zeit, mit Aufmerksamkeit … ich diene ihnen damit, einfach zuzuhören, oder ich diene mit einem gut gemeinten Rat. Und dieser Mann, er dient den Menschen mit seiner Kunst. Er dient mit Leidenschaft.

Er dient mit Muße. Und deswegen verdient er es auch, angeschaut zu werden. Er verdient es, für seine Leistung respektiert und honoriert zu werden.

Ich lächle den Jongleur an und er erwidert mein Lächeln.

Während er lächelt, fliegen zwei seiner Flaschen gleichzeitig durch die Luft. Er fängt die erste auf, greift nach der zweiten … doch sie fällt zu Boden. Das tut seinem Lächeln jedoch keinen Abbruch. Im Gegenteil. Er bückt sich nach der Flasche und schenkt den wartenden Fahrern sein schönstes Lächeln.

Und darum geht es doch im Leben, egal wie gut etwas läuft und wie gut du sein magst. Irgendetwas kann immer schiefgehen.

Und das ist auch nicht schlimm, denn im Leben geht es nicht darum, perfekt zu sein, sondern echt zu sein.

Du musst nichts tun, um geliebt zu werden.
Es ist dein Geburtsrecht, geliebt zu werden.

Nun geht der Jongleur mit einem alten Becher von Auto zu Auto und bittet für seine Show um etwas Kleingeld. Soweit ich sehen kann, schauen die meisten Autofahrer einfach geradeaus, so als ob sie ihn nicht sehen würden, obwohl er direkt neben ihnen steht.

Als er schließlich bei uns ankommt, schaue ich ihm in die Augen, nehme einen Fünfzig-Rupien-Schein aus meiner Hemdtasche und lege ihn in seinen Becher.

„Nanni", sagt er strahlend.

„Nanni", antworte ich und auch von Jobin dringt ein leises, aber eindeutiges „Nanni" nach vorne.

Der Jongleur beugt sich daraufhin etwas vor, erblickt Jobin und nickt ihm zu. Dann geht er zum nächsten Auto und die Ampel springt wieder auf Grün. Wir fahren los und haben beide dieses Grinsen im Gesicht, das einfach so gekommen ist und hartnäckig bleibt.

„Weißt du, Jobin", unterbreche ich die Stille, „ich kann mich noch genau an die Zeit erinnern, als ich auf holprigen Hinterhöfen das Fahren lernte. Ein Kumpel hat es mir gezeigt. Meine erste Runde in der Rikscha drehte ich nachts auf dem alten Flugplatz in Delhi-Süd. Ich musste mich unheimlich konzentrieren. Schalten, Gas geben, lenken, in den Rückspiegel schauen, abbremsen, runterschalten und dann wieder Gas geben … Heute mache ich das auch alles. Aber ich denke nicht mehr darüber nach. Es ist mir einfach in Fleisch und Blut übergegangen. Wie alles, was wir ständig machen. Wie alles, was wir nur oft genug wiederholen."

Jobin hört mir interessiert zu, sodass ich weitererzähle.

„Manchmal kann es ein echt langer Weg sein, bis wir etwas richtig gut beherrschen. Aber ohne diesen Weg gegangen oder in meinem Fall gefahren zu sein, kommen wir nicht an. Ich erinnere mich auch noch genau daran, wie ich dann das erste Mal auf richtigen Straßen gefahren bin. Vor allem erinnere ich mich an die Sekunden, bis es so weit war. Weg vom mir vertrauten, sicheren Flugplatz, rein in die wilde Safari Delhis. Mit rumpelnden Lastwagen, schreienden Motorrädern und schnellen Autos. Vor allem nachts blitzten die vielen Lichter der Fahrzeuge wie die Augen gefährlicher Raubtiere im Dunkeln. Kurz gesagt: Ich hatte ungeheure Angst davor, mich auf die Straßen zu begeben. In meinem Kopf herrschte die pure Angst. Vor allem deshalb, weil ich mir haarklein vorstellte, was alles schiefgehen könnte."

Jobin hat sich noch etwas weiter nach vorn gelehnt, um von meinen Worten ja nichts zu verpassen.

„Aber Angst und Mut", fahre ich fort, „sind gar nicht so gegenteilig, wie wir oft denken. Sie bedingen sich vielmehr. Denn ohne Angst gäbe es keinen Mut. Wenn ich nie Angst gehabt hätte, dann wüsste ich nicht, was Mut ist. Wenn ich nie Angst gehabt hätte, wäre mir auch die Chance genommen worden, Mut zu entwickeln. Angst beginnt im Kopf. Mut auch."

Hinten ist es still. Jobin hat diesen Gesichtsausdruck, den Kinder manchmal haben, wenn sie im Grunde etwas verstanden haben, aber die Botschaft noch etwas in ihrem Kopf herumgeistert. Nach einigen Augenblicken biegen wir auf eine kleine Landstraße ab. Ich greife zur Erdnusstüte und biete Jobin auch welche an, aber er schüttelt den Kopf. Was ich überhaupt nicht verstehen kann, denn es sind die besten, die frischesten, also die allerköstlichsten Erdnüsse, die es in Delhi gibt. Am Straßenrand steht ein Schild, auf dem steht, dass wir in zwei Kilometern die Musikschule erreichen.

„Rahul ... meinst du, das ist das Rezept?", reißt mich Jobin aus meinem Erdnussrausch.

Ich schlucke die letzte Ladung schnell hinunter.

„Rezept?! Was für ein Rezept, Jobin?", frage ich überrascht.

„Meinst du, das ist das Rezept dafür, dass Papa und Mama stolz auf mich sind und mich lieb haben? Dass ich fleißig übe und mich jeden Tag anstrenge in der Schule, im Musikunterricht und mich auch sonst überall konzentriere ...?", fragt Jobin, während er seine Gitarre fest in den Arm nimmt und mich mit großen Augen im Rückspiegel ansieht.

Ich hole tief Luft und atme langsam aus.

Seine nach Antwort suchenden Augen erinnern mich an meine eigene Suche als Kind. An meine Suche nach Anerkennung. An meine Suche nach Liebe. An meine Suche nach mir selbst … Wir alle sind in unserem tiefsten Inneren unsicher. Also fragen wir uns ständig, was wir wert sind. Schon früh kriegen wir beigebracht, dass unser Wert offensichtlich an etwas geknüpft ist. An Schulnoten … an Leistung … an unser Aussehen …

Wann fühlt sich Jobin wohl gut? Wahrscheinlich dann, wenn er das Gefühl hat, geliebt zu werden. Wahrscheinlich dann, wenn er das Gefühl hat, gebraucht zu werden. Wenn er ein Lob bekommt für ein schweres Stück auf der Gitarre. Wenn jemand zu ihm sagt: „Das hast du gut gemacht, Jobin."

In diesen Momenten fühlen wir uns wertvoll. Problematisch ist, dass all das vom Außen abhängt. Dass all das ein Fremdwert ist.

Ich blicke in den Rückspiegel und schaue mir Jobin an. Mit seinen elf, zwölf Jahren fragt er sich, was er tun muss, um geliebt zu werden. Vor zehn, elf Jahren hat er sich das noch nicht gefragt. Er konnte alles machen und wurde dafür geliebt. Einfach so.

„Du musst nichts tun, Jobin! Du musst nichts tun, um geliebt zu werden", sage ich schließlich.

„Wie meinst du das, Rahul?", fragt Jobin etwas ungläubig.

„Genau so, wie ich es gesagt habe", lache ich. „Du musst nichts tun, damit dich jemand lieb hat. Spiel Gitarre, streng dich in der Schule an, sei fleißig, mach alles Mögliche, wozu du Lust hast …, aber es ist dein Geburtsrecht, geliebt zu werden!"

„Äh … Rahul, alles okay bei dir?!"

„Ja, bei mir ist alles okay", sage ich, „… und bei dir auch! Bei dir ist auch alles okay! Hast du mich verstanden?"

„Ähh ... ja." Er wirkt etwas eingeschüchtert, aber das ist schon in Ordnung so.

Ich will unbedingt, dass er mich versteht. Ich will, dass er versteht, dass man aus Kindern keine guten Menschen machen muss. Das sind sie bereits. Man muss nur aufpassen, dass sie es bleiben.

Wir biegen in die Straße der Musikschule ein. Jobin setzt sich etwas aufrechter hin und scheint sich innerlich auf seine Gitarrenstunde vorzubereiten.

Nachdem wir angehalten haben, hole ich drei Ein-Rupien-Münzen aus meiner Hemdtasche und fange an, mit ihnen zu jonglieren. Die erste Münze, die ich hochwerfe, fällt hinunter und landet neben meinem rechten Schlappen, dicht gefolgt von der zweiten und der dritten Münze.

„Ich muss wohl noch ein wenig üben ...", lache ich.

Jobin schaut mich an und schenkt mir ein wunderschönes Lächeln. Er greift nach seiner Gitarrentasche. „Danke für diese schöne Fahrt", sagt er etwas verschüchtert beim Aussteigen.

Ich winke ihm zu und warte noch, bis er im Gebäude verschwunden ist.

SCANN MICH MIT DER APP!

Mein Glückselefant spielt mir einen Streich

Ich erinnere mich noch genau daran, wie mir mein Vater eines Tages einen kleinen Elefanten aus Holz schenkte. Der hochgeschwungene Rüssel des Elefanten bot mir einen guten Blick auf seine mächtigen Stoßzähne. „Der Rüssel soll das Glück hereinbringen", sagte mein Vater. „Finde einen schönen Platz für den Elefanten und sorge dafür, dass der Rüssel in die Richtung einer Tür zeigt; er wird dir Glück hereinbringen." Ich weiß noch ganz genau, dass der Elefant an diesem Tag zu meinem Lieblingstier wurde.

Auf dem Vorplatz des Bahnhofs ist mal wieder einiges los. Ich vertrete mir gerade ein wenig die Beine und betrachte aus einigen Metern Entfernung meinen Elefanten. Er sieht immer noch ziemlich eindrucksvoll aus. Zwar ist ein Stoßzahn abgebrochen und das Holz ist inzwischen etwas verblichen, aber das kommt vor allem durch die Sonne, die tagtäglich durch die Windschutzscheibe in meine Nanni scheint und von dem Elefanten reflektiert wird. Der Rüssel zeigt natürlich zum Einstieg meiner Rikscha hin.

„Darf ich …?"

Gedankenverloren blicke ich auf und sehe neben meiner Rikscha eine Dame um die vierzig stehen.

„Darf ich einsteigen?", fragt sie erneut.

„Ich werde sie auf keinen Fall aufhalten", lache ich.

Mein Lachen schwappt allerdings nicht auf sie über. *Okayyy, das kann ja wieder lustig werden …,* denke ich mir, lächle aber tapfer weiter und gehe zur Nanni hinüber.

Die Dame ist bereits eingestiegen. Sie trägt einen violetten Sari und hat einen roten Potte auf der Stirn, den traditionellen Punkt, der in vergangenen Tagen die Kastenzugehörigkeit symbolisierte und heutzutage nur noch als modisches Accessoire getragen wird.

„Einmal zur Ghandara Street 12", sagt sie so schnell, dass ich gar nicht erst fragen kann, wo ich sie hinbringen soll.

„Sehr gerne … ich heiße übrigens Rahul", sage ich und fahre los.

Rahul? Oh … welch schöner Name! Aber das passt ja auch zu so einem netten und adretten Mann wie Ihnen!, stelle ich mir ihre Antwort einfach vor, als nach ein paar Hundert Metern von ihr noch immer keine Reaktion gekommen ist.

„Darf ich das Radio anmachen?", frage ich, um ein wenig Leben in die Bude zu bringen.

Wieder keine Antwort. Stattdessen schaut mein Fahrgast nach draußen auf die Straße, auf der wie immer viel zu viele Autos unterwegs sind.

Tu dir beim Rausschauen bloß nicht weh, Madame. Nicht, dass du dir den Halswirbel verrenkst, denke ich und ein strenger Blick von ihr in meinen Rückspiegel lässt mich kurz zusammenzucken und vermuten, dass sie meinen Gedanken hören konnte. Ich lasse das Radio also aus und fahre so weiter.

Wer mag es heute eigentlich nicht, Musik zu hören?, überlege ich etwas verstimmt. Ich zumindest kenne niemanden. Obwohl … doch! Unsere Nachbarin aus Kindheitstagen schimpfte ständig, wenn ich mal wieder Songs von Michael Jackson auf meinem alten Kassettenrekorder spielte. Ich würde sogar so weit gehen zu sagen, dass sie die einzige Frau war, die Musik hasste.

> *Urteile niemals über einen Menschen,*
> *in dessen Schuhen du nicht mindestens*
> *einen Tag gelaufen bist.*

Ich kann es ja verstehen, wenn man eine bestimmte Musikrichtung nicht mag … Hip-Hop, Bollywood, Klassik oder Popmusik. Aber Musik generell zu hassen lässt doch wirklich auf ein tiefer sitzendes Problem schließen. Und wenn ich meine frühere Nachbarin vor meinem geistigen Auge sehe und dann ganz heimlich, still und leise die Dame im Rückspiegel betrachte, kann ich eine gewisse Ähnlichkeit nicht ganz ausschließen.

Ja, genau dich meine ich!!, denke ich, als sie mir über den Rückspiegel wieder einen belehrenden Blick zuwirft, während ich aber freundlich weiterlächle.

Wir stehen neben vier anderen Autos auf einer dreispurigen Fahrbahn an einer roten Ampel und ich beobachte eine Gruppe junger Touristen aus Europa. Sie machen Selfies vor der Albert-

Einstein-Statue, die am Wissenschaftsmuseum steht. Ich beobachte sie fast die komplette Rotphase hindurch und wundere mich
ein wenig über die „Duckfaces", die sie dabei machen.

„Duckface" beschreibt diesen bestimmten Gesichtsausdruck, den
Menschen haben, wenn sie sich selbst fotografieren und ihren
Mund dabei so verformen, dass er einem Schnabel gleicht. Das
klingt eigentlich ganz lustig, wenn es nicht so ernst gemeint wäre.
Mal ehrlich: Ich bin noch nicht schlau daraus geworden, was
attraktiv daran sein soll, wenn ein Mensch einer Ente gleicht. Ich
glaube, selbst Enten kämen nicht auf die Idee, das im umgekehr-
ten Sinne zu machen, selbst wenn sie es könnten. Wobei es schon
interessant wäre zu beobachten, wie eine Ente versucht, ihren
Schnabel zu menschlichen Lippen zu formen ...

> *Wie die meisten Menschen treibt es mich in den
> Wahnsinn, wenn man mich nicht beachtet.*

Tuuuut ... Tuuuuuuuuut ...
Ups ... denke ich, *da bin ich wohl mal wieder ins Träumen geraten*
und fahre zügig los.
*... und weiter geht sie: die spannendste Fahrt mit der spannendsten
Frau, die Delhi je gesehen hat, schießt es mir durch den Kopf.*
Ich kann an der Frau auf der Rückbank wirklich nichts Frohes
erkennen ... das Einzige ist vielleicht noch ihre farbenfrohe Kleidung. Ich bin zwar kein Experte, was Saris angeht, aber an der
feinen Verarbeitung und dem hohen Seidenanteil kann ich erkennen, dass er sehr teuer gewesen sein muss.

Wir biegen in eine kleine Seitenstraße ab, und als ich einen Blick über meine Schulter werfe, kann ich sehen, wie sie mit einem Finger in ihrem Ohr herumspielt.

… und Manieren hat sie auch nicht, denke ich bei mir, … aber reich ist sie ja wenigstens. Und die Reichen können ihre schlechten Manieren ja wieder mit Geld aufwiegen.

Eines muss ich aber zugeben: Ihr Sari ist von einem wunderschönen Violett. Vor allem wenn die Sonnenstrahlen auf ihn treffen, wirkt er so, als würde sein Muster anfangen, sich zu bewegen.

„Was ist …?", setze ich zu einer Frage an, halte aber abrupt inne und vollende die Frage in Gedanken: … *Ihre Lieblingsfarbe?* Ganz ehrlich: Es ist mir egal, welche Lieblingsfarbe die Frau hat. Sie würde mir wahrscheinlich eh nicht antworten. Wahrscheinlich würde sie sogar provozierend auf die Straße schauen.

Ich drücke den Knopf unter dem rechten Lenker und drehe so lange an dem kleinen Rädchen darunter, bis die Nanni in einem warmen Violett erstrahlt. Ich warte ein paar kurze Augenblicke ab, bevor ich mich traue, in den Rückspiegel zu schauen. Die Dame hebt den Kopf und nimmt die Beleuchtung um sich herum wahr. Sie schaut mich im Rückspiegel an, die zusammengezogenen Augenbrauen entspannen sich etwas und es bilden sich kleine Fältchen neben ihren Augen. Ihr Mund öffnet sich ein wenig und ich kann für einen kurzen, einen wirklich ganz kurzen Augenblick ihre Zähne sehen.

War das etwa ein Lächeln? *Es ist dir jetzt bestimmt schwergefallen, mir deine kleinen Beißerchen zu zeigen, oder?,* denke ich bei mir und lächle unterdessen zurück.

So genießen wir an diesem sonnigen Tag still das schöne Farbenspiel in der Nanni. Vielleicht tue ich der Dame auch unrecht.

Zumindest hat sie gelächelt und das war auch nicht gespielt, so kommt es mir zumindest vor. Es war zwar nur ein kleines Lächeln, aber trotzdem macht es mich irgendwie froh.

„Die kleinen Dinge solltest du schätzen, Rahul!", sagte meine Großmutter immer zu mir.

Ich probiere es. Ich probiere es wirklich. Tagtäglich …

Und seien wir doch mal ehrlich: Hätte die Dame durchgehend gegrinst, dann wäre mir ihr Lächeln nicht so aufgefallen wie in diesem Moment.

Und so beginne ich, meinen Frieden mit der Dame zu schließen, die mir ihr Vertrauen geschenkt hat und bei mir eingestiegen ist. Vielleicht hat sie heute einfach einen schlechten Tag … vielleicht wurde sie verlassen … vielleicht hat sie Sorgen … vielleicht hatte der Bäcker heute Morgen ihr Lieblingsbrötchen nicht mehr vorrätig … Es kann tausend Gründe geben, warum sie in dieser Verfassung ist. Und wer bin ich schon, darüber zu urteilen?!

„Urteile niemals über einen Menschen, in dessen Schuhen du nicht mindestens einen Tag gelaufen bist", diesen Satz meines Lehrers habe ich nie vergessen. Er sagte ihn zu mir, als ich mich in der Schule einmal über einen Jungen lustig machte, der so still war, dass er auf keine Frage oder Provokation antwortete. Als ich dann im Nachhinein erfuhr, dass dieser Junge seine Eltern verloren hatte und eine Woche ganz auf sich alleine gestellt gewesen war, schwor ich mir, diesen Satz immer zu beherzigen.

Nach all diesen Gedanken fühle ich mich irgendwie von mir selbst besänftigt, sodass ich einen neuen Versuch wagen will, um mit der Dame Kontakt aufzunehmen.

„Wussten Sie …", setze ich an, „… wussten Sie eigentlich, dass die Rikschas ursprünglich aus Japan stammen und nicht aus Indien?"

Ich warte einige Sekunden auf eine Antwort. Da der Verkehr um uns herum gerade sehr laut ist, wiederhole ich meine Frage: „Wussten Sie, dass die Rikschas ursprünglich aus Japan stammen und nicht aus Indien?!"

Dieses Mal ist es um uns herum ruhiger. Sie muss es gehört haben. Vielleicht denkt sie gerade darüber nach. Vielleicht weiß sie das schon längst. Nach langen Sekunden des Wartens, in denen ich die Luft etwas anhalte und nur leise atme, um ihre Antwort ja nicht zu verpassen, blicke ich schließlich in den Rückspiegel. Ich suche lächelnd ihren Blick ... doch der ist stur nach draußen auf die Straße gerichtet. Nichts! Keine Reaktion!

Sie hält es anscheinend nicht einmal für nötig, mich anzuschauen oder irgendwie sonst auf meine Worte zu reagieren. Ein leichtes Nicken, ein Lächeln ... von mir aus hätte sie mich auch korrigieren oder mir an den Kopf werfen können, dass ich von Japan keine Ahnung habe.

Aber die Art, wie sie mich ignoriert, treibt mich innerlich zur Weißglut. Ich umfasse das Lenkrad noch fester als zuvor, um einen Kanal für meine Wut zu finden. Ich erwische mich dabei, dass meine Augen ganz schmal werden und ich meine Zähne fest zusammenbeiße.

Wortlos fahren wir weiter auf der West Street und ich will einfach nur noch dieses stumme „Paket" am Ziel abliefern. Nach ein paar Minuten merke ich, dass sich meine Hände langsam wieder lockern. Die erste Wut ist verstrichen und auch die Partie um meine Augen hat sich wieder entspannt.

Ich kann mit allem leben, aber ignoriert zu werden, finde ich wirklich schwer zu ertragen. Wie die meisten Menschen treibt es mich in den Wahnsinn, wenn man mich nicht beachtet. Sehr deutlich wird dies in Beziehungen … oder in der Phase, wenn sich eine Beziehung anbahnt: Reagiert der Angebetete oder die Angebetete nicht auf unsere Nachricht oder unseren Anruf, dann ist das für uns das Schlimmste. Eine Qual, die Tausende Gedanken in uns lostritt.

Wir Menschen „ernähren" uns von Energie. Sei es Liebe, Zuneigung, eine Umarmung, ein Kuss, ein Händedruck, ein Lächeln … aber auch Wut, Ärger und sogar Hass lassen uns fühlen, dass Energie fließt … dass da etwas ist. Wir fühlen uns bedeutender, denn auch eine negative Emotion ist eine Emotion. Und viele Menschen fühlen sich wertvoller, wenn sich ein anderer Mensch mit ihnen befasst. Die Aufmerksamkeit eines anderen scheint uns einen Wert zu geben. Ob im positiven oder negativen Sinne.

Doch das bleibt aus, wenn wir nicht beachtet werden. Plötzlich ist man allein. Allein mit seinen eigenen Gedanken. Und wenn niemand anders uns eine Bedeutung gibt, müssen wir uns selbst eine Bedeutung geben. Nicht selten kommen wir zu dem Schluss: „Ich bin nichts wert." Oder eher: „Ich bin es nicht mal wert, dass sich jemand die Zeit nimmt, mir zu antworten … mir zu schreiben … mich anzuschauen … mich anzubrüllen … mich zu drücken … mich zu unterdrücken … mich zu lieben …" Und so ziehen wir es vor, uns selbst für bedeutungslos zu halten, anstatt das achtlose Verhalten des anderen als bedeutungslos abzutun.

Trotz all dieser Überlegungen regt es mich immer noch ganz schön auf, dass mich die Dame einfach ignoriert. Das erkenne ich immer an dem leichten Zucken meiner Augenlider.

Als wir an eine Kreuzung kommen, schaue ich heimlich in den Rückspiegel und sehe, dass ihre Augen zugefallen sind und ihr Mund leicht offen steht. Ich schaue auf meine Ablage, wo

Taschentücher liegen, mit denen ich mir den Schweiß von der Stirn wische, und für einen kurzen Augenblick stelle ich mir vor, wie ich eines davon durch den kleinen Spalt zwischen ihrer Unter- und Oberlippe werfe. Immerhin komme ich mir jetzt nicht mehr ganz so unbeachtet vor.

Wut ist, wie Gift zu trinken und zu hoffen, dass es dem anderen schlecht geht.

Nachdem wir die nächste Kreuzung passiert haben und nur noch wenige Minuten von unserem Ziel entfernt sind, stockt der Verkehr wegen einer Parade. Sie findet zu Ehren der Bürger Delhis statt, die am 15. August 1947 mit ihrem gewaltlosen Protest zur Unabhängigkeit Indiens von der britischen Kolonialbesetzung beitrugen. Mit Fanfaren und Trompeten laufen die Teilnehmer des Festzugs die Straße entlang. Kinder jubeln den Musikern zu. Es ist bunt. Es ist schrill. Und es ist vor allem: laut! Und die Dame in meiner Rikscha? Schläft seelenruhig weiter, als ob nichts wäre. *Jetzt wach verdammt noch mal auf!!*, denke ich und erwische mich dabei, dass ich ihr etwas Schlechtes wünsche, was im Grunde nicht meinem Naturell entspricht. Irgendwie finde ich die Tatsache, dass sie bei einem derartigen Lärm einfach weiterschläft, genauso empörend wie ihr Verhalten zuvor, als sie mich nicht beachtet hat. Als sei sie Queen Elizabeth ..., die sich mit solch banalen Dingen gar nicht erst abgeben muss!
Wir haben die Ghandara Street erreicht und ich schaue auf die Nummern, die sehr schnörkelig – manch einer würde wohl sagen

kitschig – auf die Häuser geschrieben sind: 4 ... 4a ... 6 ... 8 ...
10 ... 10a ... 10b ... 12!
Endlich sind wir da. Eine goldene 12 hängt an einer roten
Fassade. Also, zumindest war sie mal golden. Sie hat ihre besten
Jahre offensichtlich schon hinter sich, sodass an einigen Stellen
der goldene Lack abgeblättert ist und das darunterliegende Metall
zum Vorschein kommt. Tja, die schönen Dinge im Leben gehen
für gewöhnlich sehr schnell vorbei. Und die eher unangenehmen,
die ziehen sich oft endlos in die Länge. Ich reibe mir die Augen,
teils aus Müdigkeit und teils aus Erschöpfung, denn diese Fahrt
war eine jener Fahrten, die nicht enden wollten.
„Wir sind da", sage ich eher kraftlos und ohne große Emotion.
Zu viele Nerven hat mich diese Dame gekostet.
Ich drehe mich zu ihr um, sehe, dass sie die Augen noch immer
geschlossen hat, und tippe ihr vorsichtig auf die linke Schulter. Sie
zuckt kurz zusammen und schlägt die Augen auf. Sie sieht mich
an und ihre großen braunen Augen sind so rein und voller Liebe.
Es heißt doch: Die Augen sind der Spiegel der Seele. Mit unserem
Mund können wir beispielsweise durch ein Lächeln Fröhlichkeit
vortäuschen, doch unsere Augen können nicht lügen. Wie kann es
dann bloß sein, dass diese liebevollen Augen auf der Fahrt nicht
gesehen haben, wie es mir ging?!
„Die Fahrt ist gratis ...", sage ich leicht genervt, „Sie zahlen für ein
Lebensgefühl. 178 Rupien bitte."
„Wie ... viel ... kostet die Fahrt?", fragt die Dame etwas merkwürdig nach, wahrscheinlich noch ein wenig schlaftrunken.
„178 Rupien!", sage ich und bemerke dabei, dass ihre Augen wie
gebannt die Bewegungen meiner Lippen verfolgen.
Sie holt 200 Rupien aus einem violetten, zu ihrem Sari passenden

Portemonnaie, legt sie in meine geöffnete Hand und schließt sie mit der anderen Hand.

„Danke …", sage ich angesichts ihrer unerwartet herzlichen Art etwas verschüchtert.

Sie steigt vorsichtig aus und geht sehr bedacht auf das rote Haus zu. Sie dreht sich nochmals zu mir um und hat dabei noch immer dieses Lächeln auf den Lippen, als sie die Tür öffnet und das Gebäude betritt.

Wir bestimmen unsere Gedanken und die bestimmen, ob wir uns gut oder schlecht fühlen.

„Uff!" Ich steige aus meiner Nanni aus und will ein wenig frische Luft schnappen, auch wenn das bei der smogbehafteten Luft, die wir in Delhi haben, paradox erscheint. Ich lehne mich an meine Rikscha, schaue auf den Boden und kicke ein Steinchen in Richtung des roten Hauses. Ich verfolge seinen Weg, bis es mit einem leichten „Tackkkk" gegen die Tür knallt, durch die die Dame soeben verschwunden ist.

Mein Blick wandert aufwärts bis zu einem Schild, das über der Tür hängt. Ich atme ein – und mein Herz stockt für eine Sekunde. „Städtische Ohrenklinik" steht dort in großen schwarzen Buchstaben geschrieben.

Die Frau … sie … sie ist schwerhörig!, schießt es mir durch den Kopf. Sie konnte mir gar nicht antworten … sie hat mich nicht gehört. Sie konnte mir zu keinem Zeitpunkt antworten … und der Lärm der Parade konnte sie auch nicht wecken …

Und ich? Ich habe sie in Gedanken verurteilt, beschimpft, belächelt, ihr Schlechtes gewünscht. Ich habe mich nicht beachtet gefühlt und meine Wut auf sie gerichtet … und dabei habe ich auch Wut gegen mich selbst gerichtet. Denn Wut ist, wie Gift zu trinken und zu hoffen, dass es dem anderen schlecht geht.

Ein Gefühl der Scham und Reue beschleicht mich. *Wie konntest du nur so ein Idiot sein und nicht verstehen, dass sie schwerhörig ist?*, schimpfe ich mit mir selbst. Aber schon im nächsten Augenblick beruhige ich mich damit, dass ich es eben nicht besser wusste. Und überhaupt, was fällt mir ein, mich selbst als Idioten zu bezeichnen? Wie oft beschweren wir uns über unschöne Gefühle und wie oft sind wir nicht eigentlich selbst dafür verantwortlich? Wenn ich darüber nachdenke, dann bezeichne ich mich öfter mal als Idioten und sage zu mir, wie dumm ich in dieser oder jener Situation bin. Und das schon bei ganz banalen Dingen: Die Zahnbürste fällt mir aus der Hand … mein Glas kippt um … ich stolpere … und schon fange ich an, mit mir selbst zu schimpfen, als hätte ich gerade eine Straftat begangen. Dabei ist es doch eigentlich ganz einfach: Spreche ich gut mit mir selbst, fühle ich mich gut. Spreche ich schlecht mit mir selbst, fühle ich mich schlecht. Meistens denken wir doch, dass Gefühle uns bestimmen. Dabei ist es andersherum: Wir bestimmen unsere Gedanken und die bestimmen, ob wir uns gut oder schlecht fühlen.

Nichts an der Fahrt war eigentlich schlimm. Nichts war geschehen, was Anlass zu Wut gegeben hätte. Nur meine Gedanken. Und die Interpretation meiner Gedanken …

Ich schaue in den leicht bewölkten Himmel und stoße ein leises „Verzeih mir …“ aus.

Als ich wieder in der Rikscha sitze und weiterfahre, baumelt der kleine Elefant im Rhythmus der Schlaglöcher hin und her. Immer noch leicht beschämt betrachte ich ihn und denke: *Na, da hast du mir ja eben schönes Glück beschert…*

Ich brüte ein wenig vor mich hin, während ich eine Abzweigung nehme, um der Parade, die immer noch ziemlich viel Krach macht, auszuweichen.

Aber plötzlich muss ich lächeln. Doch – mein kleiner Elefant hat auch heute wieder Glück in die Nanni geholt. Meistens sind es ja Gäste, die mich glücklich machen; Geschichten, die mich glücklich machen; Geschehnisse, die mich glücklich machen.

Und manchmal sind es eben unerwartete Geschehnisse, die einen glücklich machen. Denn ist es nicht ein Glück, dass ich mich in der Dame einfach nur getäuscht habe?

Was hängende Schultern und ein Kinobesuch miteinander zu tun haben

G anz ehrlich, Rahul? Verdient war euer Sieg nicht!",
empört sich Santosh. Wir diskutieren über das
Cricketspiel der Delhi Roosters gegen die Mumbai
Allstars letzte Nacht.

Santosh ist in Mumbai geboren und sein Herz schlägt noch immer
für das von dort stammende Cricketteam. Genau genommen ist er
in Bombay geboren. Das war der Name, den die britische Kolo-
nialmacht der Stadt gab, bevor sie 1996 wieder ihren ursprüng-
lichen Namen Mumbai erhielt.

„… der Schiedsrichter gehört gesperrt! Die Entscheidungen in den
letzten beiden Dritteln hat doch kein Mensch verstanden! Er hat
jetzt im Delhi Food & Drinks offiziell Hausverbot!!"

Oh je, der Schiri hat also die Höchststrafe erhalten. Santosh ist
der Typ Mensch, der sich so richtig schön in Situationen hinein-
steigern und in Rage reden kann.

Um ehrlich zu sein, habe ich die Cricketregeln bis heute nicht
ganz verstanden und ich bin mir auch sehr sicher, dass ich da
nicht der Einzige bin. Aber das scheint die Fans, denen es genauso
geht, nicht weiter zu stören. Wenn ich mir anschaue, mit wie viel
Herzblut sie bei den Spielen sind, frage ich mich jedes Mal,
warum sie diese Energie nicht in ihre Beziehungen, ihren Job, die
Erziehung ihrer Kinder und vor allem in sich selbst stecken.

„… und das Trikot von Sajin Bandul werde ich auch nicht mehr
anziehen! Eine Schande, was er da gespielt hat!"

Santosh ist anscheinend noch nicht fertig mit seiner Spielanalyse.
Ich nicke bloß und finde es irgendwie auch witzig, wie unwichtig
meine Meinung in diesem Moment ist. Er braucht gerade nur
jemanden, der ihm zuhört. Es gibt solche Leute, die denken, dass
ein Monolog automatisch zu einem Dialog wird, wenn jemand
anders anwesend ist, der sich nicht die Ohren zuhält.

Ich trinke einen großen Schluck Chai. Der Tee hat im Gegensatz
zu Santosh, der mir irgendwie überhitzt vorkommt, wieder einmal
die perfekte Temperatur.

„Entschuldigung, sind Sie noch frei? Ich meine… Entschuldigung… ist… ist die Rikscha noch frei?"

Ich blicke über meine linke Schulter hinter mich, den Tee immer
noch in der Hand, und sehe eine junge Frau vor dem Café
stehen. Dunkelblauer Rock, hellblaues Hemd, dazu eine dunkel-
blaue Krawatte. Auf dem Hemd prangt ein Wappen mit einem
Buch und einem Elefanten. Dieses Motiv habe ich schon oft
gesehen. Es ist das Wappen der Universität von Delhi und das

Hemd, die Krawatte und der Rock bilden die Uniform der jungen Studentinnen.

Ich setze den Tee auf dem Holztisch ab und sage zu ihr: „Wir kennen uns noch gar nicht und du hast dich schon zweimal entschuldigt."

Dieses Phänomen nenne ich „Entschuldigungitis". Viele meiner Fahrgäste, aber auch Freunde und Bekannte sind davon betroffen. Sie entschuldigen sich den ganzen Tag lang. Aber diese Krankheit ist heilbar. Und zwar genau dann, wenn wir damit aufhören, uns ständig kleiner zu machen als andere.

„Hereinspaziert", sage ich und zeige dabei auf die Nanni.

Ich lege zwanzig Rupien auf den Tisch, sage lächelnd zu Santosh: „Beim nächsten Mal gewinnt ihr" und gehe zu meiner Rikscha.

Während ich den Motor starte, drehe ich mich zu der jungen Frau um und frage sie, wo es denn hingehen soll.

„Zur... zur Universität Delhi", sagt sie so leise, dass ich zurückflüstere: „Okay, wird gemacht, aber warum flüstern wir?! Werden wir beschattet?"

Sie wirft mir einen schrägen Blick zu, aber antwortet nicht.

Ich ordne mich auf der Middle Street ein und sage zu der Studentin in meiner gewohnt lauten Stimme: „Ich heiße übrigens Rahul. Darf ich dich nach deiner Lieblingsfarbe fragen?"

Sie hebt vorsichtig die Augen, die zuvor wie gebannt auf ihr Smartphone starrten, und antwortet ein wenig lauter: „Ich... ich heiße Surya und... und ich mag Gelb."

Während sie spricht, wandern ihre Augen bereits wieder zu ihrem Smartphone, das auf ihren Oberschenkeln liegt. Der Innenraum der Nanni leuchtet in einem warmen Gelb auf, sodass das hellblaue Hemd von Surya einen leichten Orangestich bekommt. Ich kann im Rückspiegel sehen, wie sie kurz lächelt, als sie die Farbe wahrnimmt, ohne dabei jedoch den Blick zu heben.

Ich räuspere mich kurz, um sie dann mit meiner typischen Rahul-Harakiri-Art zu überraschen: „Beschreibe mir mal eine niedergeschlagene Person, Surya."

Mehr als ein leises „Hm…?" kann ich ihr zu diesem Zeitpunkt allerdings nicht entlocken.

Mit unserer Körperhaltung geben wir unserem Unterbewusstsein immerzu Zeichen, die es registriert.

Ich muss wohl etwas konkreter werden. „Stell dir eine schüchterne, niedergeschlagene Person vor: Sind ihre Schultern energievoll nach hinten gezogen oder hängen sie kraftlos nach vorne?"

„Mmh… sie hängen vermutlich kraftlos nach vorne", sagt Surya und scrollt auf ihrem Smartphone auf und ab.

„Okay…", setze ich wieder an, „… geht der Blick dieser Person motiviert nach oben oder lässt sie eher den Kopf hängen?"

„Sie… sie lässt eher den Kopf hängen", antwortet Surya.

Ich warte ein paar Momente, bevor ich sage: „Und jetzt schau mal, wie du da hinten sitzt: Um auf deinem Smartphone zu tippen, müssen deine Schultern nach vorne hängen, und seit Beginn der Fahrt beugst du den Kopf nach unten, um die Dinge auf deinem Handy lesen zu können. Im Prinzip nimmst du freiwillig die Haltung einer niedergeschlagenen Person ein."

„… was… was willst du mir damit sagen?", fragt Surya und hebt zum ersten Mal wirklich den Blick. Sie legt das Smartphone zur Seite und zieht die Schultern ein wenig unbeholfen nach hinten. Mein Ton ist ruhig, als ich weiterspreche: „Mit unserer Körperhaltung geben wir unserem Unterbewusstsein immerzu Zeichen, die es registriert. Ich habe einen Freund… Rony… und Rony arbeitet bei der Telefonseelsorge hier in Delhi. Und er erzählte mir mal, was er die Leute als Erstes fragt, die bei ihm anrufen und selbstmordgefährdet sind…"

„Was fragt Rony denn?", will Surya wissen.

„Ronys allererste Frage, die er diesen Leuten stellt, lautet: ‚Was sehen Sie über sich?'"

„‚Was sehen Sie über sich?!'", wiederholt Surya irritiert.

„Ja", sage ich und fahre fort, „die meisten Anrufer wundern sich genauso wie du über diese Frage, schauen dann aber nach oben und beschreiben, was sie sehen: die Zimmerdecke, den blauen Himmel, die Krone eines Baumes, Vögel, Wolken, Flugzeuge oder eine Lampe, die über ihnen hängt. Und schon geht es ihnen ein klitzekleines bisschen besser. Der einfache Blick nach oben ist der schnellste Weg, um in unserem Körper kleine Glückshormone freizusetzen. So sehr wirkt sich unsere Haltung darauf aus, wie wir uns fühlen."

Surya behält den Kopf oben, die Schultern entschlossen nach hinten gezogen, und sagt: „Aber… aber deine Schultern hängen doch auch nach vorne."

Ich schaue auf meine Hände, die den Lenker der Nanni festhalten. Mein Blick wandert in Richtung meiner Schultern. Ich schaue zuerst meine linke Schulter an und anschließend meine rechte. Wie vom Blitz getroffen setze ich mich aufrecht hin, hebe den Kopf ein wenig und ziehe die Schultern nach hinten.

Surya und ich müssen grinsen und sitzen nun beide komplett künstlich, aber kerzengerade in der Nanni. In dieser Position fahren wir ein paar Minuten weiter, bis sich der Verkehr auf Schrittgeschwindigkeit verlangsamt.

„Hast du es eilig?", frage ich Surya, weil ich vermute, dass uns das mindestens eine Viertelstunde kosten wird.

„Nein, heute habe ich keine Uni mehr. Ich treffe mich nur mit ein paar Freundinnen in der Bibliothek und wir lernen dort", sagt Surya.

> *Viele Menschen haben vor Entscheidungen Angst, und noch mehr Menschen haben Angst, die falsche Entscheidung zu treffen.*

„Was lernt ihr denn?"

„Wir schreiben bald einen Aufsatz über die Rolle von Jawaharlal Nehru bei der Entscheidung Indiens im Jahr 1949, trotz der Unabhängigkeit im Commonwealth zu bleiben", antwortet sie.

Wow, ein großes Thema, ich bin beeindruckt. Ehrlich gesagt hätte ich bei diesem etwas verschüchterten Persönchen eher andere Themen erwartet.

„Ja … das konnte er wirklich gut", sage ich in einer Stimmlage, die eher nach einem Selbstgespräch klingt.

„Was konnte er gut?", Surya kneift ihre Augen etwas zu, weil sie meine Worte nur schwer hören kann.

„Entscheidungen treffen", sage ich mit normaler Stimme.

Ich bewundere Nehru, den ersten Ministerpräsidenten Indiens, tatsächlich dafür, wie er Entscheidungen traf und mit allen Konsequenzen, die diese Entscheidung nach sich zogen, lebte. Das waren damals keine leichten Zeiten.

„Kannst du das auch, Surya? Kannst du gut Entscheidungen treffen?", frage ich, während ich mich zu ihr umdrehe.

Sie sitzt so unschuldig da, umhüllt vom gelben Licht, und schaut mich an. Obwohl sie mir in die Augen sieht, ist es dieser bestimmte, durchdringende Blick, den Menschen haben, die wirklich intensiv nachdenken.

Aufgrund des Verkehrs fahren wir immer noch in Schritt-geschwindigkeit und vor uns kann ich schon den schiefen Turm sehen, an dem sich die Straße gabelt.

„Ich … habe oft Angst, eine Entscheidung zu treffen", sagt sie und spielt dabei mit ihrer rechten Hand am linken Ringfinger.

„Ich kenne diese Angst, Surya. Und ich habe sie auch lange gehabt. Und genau wegen dieser Angst sagen wir oft: ‚Ich ent-scheide mich nicht.' Was aber ein Irrglaube ist."

„Warum soll das ein Irrglaube sein, Rahul?", fragt sie, während wir gerade die Gabelung erreichen.

Ich bremse kurz, schaue nach links, wo unsere Straße dreispurig weitergeht, und nach rechts, wo sie bald auf einen großen Platz stößt, und frage Surya: „Entscheide dich: Fahren wir nach links oder nach rechts?"

Sie kennt den schnellsten Weg zur Uni nicht, weswegen sie mit den Schultern zuckt und sagt: „Keine Ahnung."

„Du willst also keine Entscheidung treffen?", hake ich nach.

Sie nickt und zuckt erneut mit den Schultern.

„Jetzt denkst du, du hast keine Entscheidung getroffen, doch in Wahrheit hast du eine Entscheidung getroffen: Du hast dich dafür entschieden, stehen zu bleiben", sage ich und bleibe tatsächlich stehen.

Surya blickt panisch um sich, offensichtlich ist es ihr peinlich, dass wir den Verkehr aufhalten, auch wenn der ja gerade ziemlich langsam dahinschleicht.

Die ersten Autos hinter uns fangen an zu hupen, ich fahre wieder an und biege dann nach links ab. Surya wirkt erleichtert, aber im Rückspiegel kann ich sehen, dass der Vorfall weiter in ihr arbeitet.

„Dann können wir also nicht *nicht* entscheiden!", resümiert sie.

Ich lächle ihr im Rückspiegel zustimmend zu.

Wir nehmen wieder Tempo auf, der verdichtete Verkehr ist überstanden und wir genießen den Wind, der in die Rikscha dringt. Meine Haare sind zwar nicht wirklich lang, tanzen aber im Wind nach links und nach rechts. Surya trägt einen strengen Zopf, sodass der Wind ihr nichts anhaben kann.

Sie blickt über meine Schulter nach vorn auf die Straße und sagt mit leichter Verzweiflung: „Aber was, wenn … was, wenn die Entscheidung, die ich getroffen habe, die falsche ist?!"

Ich überlege kurz, denn diese Frage habe ich mir selbst schon oft gestellt. Viele Menschen haben Angst, eine Entscheidung zu treffen, und noch mehr Menschen haben Angst, die falsche Entscheidung zu treffen. Oft machen sie sich deshalb einen Kopf und merken gar nicht, dass doch jeder von uns im Alltag ständig Entscheidungen trifft.

„Hast du den Film *Krish* mit Hrithik Roshan gesehen, Surya?", frage ich sie.

„Ähh … ja", kommt es etwas verwundert von ihr zurück.

Krish ist ein Bollywood-Film mit einem der bekanntesten

Schauspieler Indiens, der in diesem Film einen Superhelden spielt, ähnlich wie Superman oder Batman. Nur dass seine Kräfte, wie es sich für indische Filme gehört, natürlich noch zehnmal größer sind als die von Superman und Batman zusammen. Ich liebe Kino, und Bollywood-Filme liebe ich besonders, denn, wie gesagt, ich finde, es darf hin und wieder gern etwas mehr sein.

„Mochtest du den Film?", frage ich, woraufhin Surya antwortet: „Ehrlich gesagt: Nein. Ich habe ihn im Kino gesehen, was ja eigentlich immer Spaß macht. Aber er war mir zu lang, zu über-trieben und das Ende war total vorhersehbar."

„War es also eine falsche Entscheidung von dir, diesen Film anzu-schauen?", hake ich nach.

„Ich ... ich denke schon", sagt Surya etwas unsicher.

Manchmal gewinnst du und manchmal...
lernst du.

Wir fahren gerade an einigen riesigen Werbetafeln vorbei, auf denen für die Eröffnung einer neuen Shoppingmall, für Schmuck, Autos und Grundstücke geworben wird, als ein Plakat auftaucht, das für die Fortsetzung von *Krish* wirbt: „Krish 2 – Die Legende kehrt zurück", verheißt ein großer Schriftzug.

„HA!", schreie ich laut auf, „Hast du das eben gesehen? Die Werbung für ..."

„... *Krish 2*?", ergänzt Surya lächelnd.

Wir beide sind irgendwie total verwundert über diesen Zufall. Dabei ist es im Leben ganz oft so: Immer wenn ich intensiv an etwas denke oder mich stark auf etwas fokussiere, präsentiert mir das Leben genau das.

„Und … schaust du ihn dir an?", frage ich Surya, obwohl ich ihre Antwort bereits erahne.

Sie lächelt, schüttelt den Kopf und sagt: „Nein. Ganz bestimmt nicht."

„Eine gute Entscheidung", sage ich.

„Hm … manchmal sagst du schon etwas verwirrende Dinge", schmunzelt sie.

„Ja, schau doch mal, wie schnell du dir selbst gezeigt hast, dass es keine falschen Entscheidungen gibt. Du hast den Film damals gesehen und hinterher gedacht: ‚Verdammt, falsche Entscheidung!' Heute fahren wir am Plakat für die Fortsetzung des Films vorbei und du entscheidest: ‚Den schaue ich mir nicht mehr an!' Und so schnell verhilft dir eine scheinbar schlechte Entscheidung zu einer guten Entscheidung. Sie war also nicht umsonst."

Ich kann erkennen, dass sich bei diesen Worten ein wenig Zufriedenheit in Suryas Gesicht abzeichnet, sodass ich fortfahre: „Wenn wir eine scheinbar falsche Entscheidung treffen, zurückblicken und verstehen, dass diese Entscheidung nicht gut für uns war, dann ordnen wir sie als ‚Fehler' ein. Dieser Fehler wird im Laufe der Zeit zu einer Erfahrung, was bedeutet, dass er uns in Fleisch und Blut übergeht. Und diese Erfahrung bringt uns letzten Endes zu einer guten Entscheidung."

Surya zieht wieder einmal die Schultern nach hinten und lacht: „… ich glaube, das übernehme ich für meinen Aufsatz über Nehru. Hättest du was dagegen, Rahul?"

„Nein, ganz und gar nicht. Ich wünschte nur, ich hätte das damals auch verstanden, als ich so alt war wie du."

„Was genau verstanden …?", fragt mich Surya schnell.

„Dass ich mutig Entscheidungen treffen und Fehler machen sollte … Ich hätte mich zum Beispiel für eine Frau entscheiden sollen. Sie hieß Jamuna und sie war eine ganz wunderbare Frau. Aber ich habe mich nicht für sie entschieden. Ich habe mich nicht für uns entschieden. Ich dachte mir immer: Da kommt vielleicht noch etwas Besseres … dabei steckt in dem Wort ‚Ent-Scheidung‘ ja das Wort ‚Scheidung‘. Das heißt, scheide – oder anders ausgedrückt trenne – dich von allen Alternativen. Aber na ja … so ist das im Leben. Manchmal gewinnst du und manchmal …?", ich lasse das Ende des Satzes bewusst offen und gebe Surya durch meinen Tonfall zu verstehen, dass sie ihn vollenden soll.

„… verlierst du? … gewinnen die anderen?", fängt sie an zu raten. Ich lache und löse auf: „… lernst du. Manchmal gewinnst du und manchmal lernst du."

Wir sind noch ungefähr zehn Minuten von der Universität entfernt und ich drehe das Radio auf. Ich kann mich auf meinen Lieblingssender verlassen, denn aus den Boxen dringt das Lied *Tushi gam*, was so viel bedeutet wie „Alles ergibt Sinn".

Ich werde meiner Rolle als bester Sänger von Ost-Delhi wieder einmal total gerecht, als ich beim Refrain anfange, laut mitzusingen: „Tushiiiiiii gam ohh tushiiii gam … Komm schon, Surya, sing mit!"

Surya wippt zwar etwas mit dem Kopf hin und her, aber ihr Mund bleibt geschlossen. Er öffnet sich nur kurz, als sie zu sprechen beginnt: „Nein, ich bin … schüchtern."

„Ohhh, du bist also schüchtern. Wann hast du denn das entschieden?", frage ich sie.

„Wie … entschieden?", fragt sie erstaunt zurück.

„Na ja … du musst doch irgendwann entschieden haben, dass du schüchtern bist. Oder bist du als Baby auf die Welt gekommen und hast geschrien: ‚Heyyy, hier bin ich. Mein Name ist Surya und ich freue mich, nun unter euch Menschen auf dieser Welt zu sein. Ach, und übrigens: Ich bin schüchtern.'"
Surya schaut erst ein wenig ratlos und muss dann lachen.

Wer will, der findet Wege.
Wer nicht will, der findet Ausreden.

„Ich war früher auch schüchtern", erzähle ich. „Kein Spaß. Ich war zwölf Jahre alt und da gab es dieses hübsche Mädchen in meiner Nachbarschaft. Sie hatte lockige Haare, wunderschöne dunkelbraune Augen und ein süßes Lächeln. Sie hieß Julya und ich war über beide Ohren in sie verliebt. Und du siehst, wie groß meine Ohren sind, Surya!
Was wiederum bedeutet, dass ich seeeehr verliebt war!", lache ich.
„Bei uns in der Nähe gab es jeden ersten Sonntag im Monat ein Open-Air-Kino, in dem Filmklassiker auf einer von Zigarettenrauch vergilbten Leinwand gezeigt wurden. Der Eintritt war kostenlos, sodass alle ihn sehen konnten.
Schon lange wollte ich Julya fragen, ob sie mit mir in das Kino geht, aber es war irgendwie nie ganz passend. Ich wusste, dass Julya und ihre Freundinnen freitags ihren Müttern immer beim Wasserholen halfen, denn dann spielte ich meistens mit anderen Jungs auf dem Platz daneben Fußball. Ich nahm mir fest vor, sie an jenem Freitag zu fragen, ob sie mich begleiten würde.

Wir kickten schon eine Weile mit der Blechbüchse herum und immerzu schielte ich zur Seite, um zu sehen, ob die Mädchen nicht endlich mit ihren Kanistern kamen. *Nicht dass sie gerade heute nicht kommt!*, überlegte ich schon leicht verzweifelt.

Doch nach und nach kamen die Mädchen laut lachend und wild durcheinanderredend den Weg entlang. Ich schaute wieder zur Seite, um so schnell wie möglich zu erkennen, ob Julya dabei war, und verpasste prompt einen Pass eines anderen Jungen.

,Mann, Rahul, Pass doch auf!', rief er genervt.

Da! Endlich ging Julya an unserem Spielfeld vorbei.

Ich sagte zu den anderen Jungs, dass ich mal kurz zu meinen Sachen am Spielfeldrand müsste, und lief auf die Gruppe der Mädchen zu. Dann nahm ich meinen ganzen Mut zusammen, ging zu ihnen hinüber und fragte Julya, ob sie mich ins Kino begleiten würde. Sie sagte erst nichts, schaute dann ihre Freundinnen an und dann lachten sie gemeinsam los.

,Ganz bestimmt nicht!', sagte sie noch, bevor sie weiterlachten.

Meine Mitspieler hatten das Spiel unterbrochen und waren neugierig näher gekommen. Vor lauter Aufregung hatte ich sie gar nicht bemerkt. Sie rempelten mich in diesem Moment von hinten an und lachten mich ebenfalls aus, weil sie mitbekommen hatten, was passiert war.

Ich lief weinend nach Hause und saß noch stundenlang heulend auf meinem Bett. Ich erzählte niemandem davon. Ich sprach Julya nie wieder an ... und ich sprach auch lange Zeit kein anderes Mädchen an. Zu tief saß der Schmerz. Und immer, wenn meine Freunde zu mir sagten, dass ich doch mal ein Mädchen ansprechen sollte, sagte ich fortan: ,Das kann ich nicht. Ich bin doch ... schüchtern.'

Ich hatte mich entschieden. Ich hatte mich entschieden, schüchtern zu sein. Diese Entscheidung wirkte wie eine Ritterrüstung und sollte mich schützen, damit diese Art von Schmerz mich nie mehr treffen konnte."

Surya sieht mich gebannt an. Ich glaube, sie spürt, dass ich in diesem Moment den alten Schmerz wieder ein wenig fühle.

„Und ... und wie hast du es geändert?", fragt sie mich ganz vorsichtig, als wolle sie mich nicht verletzen.

„Ich habe zunächst einmal verstanden, dass ich mich ganz bewusst dafür entschieden hatte, schüchtern zu sein. Und dann habe ich verstanden, dass mir diese Entscheidung in Zukunft immer im Weg stehen würde. Dass sie mir noch viel mehr wehtun würde, als es Julya jemals konnte. Wenn du das begreifst und dann anfängst, erst im Kleinen Dinge zu tun, die du dich so nicht getraut hättest, dann ändert sich plötzlich alles", antworte ich ihr.

„Aber ...", Surya will etwas sagen, doch ich unterbreche sie sofort: „Nichts ‚aber'. Wer will, der findet Wege. Wer nicht will, der findet Ausreden. Wie gesagt: Nichts geht von jetzt auf gleich. Der Anfang kann so lächerlich klein und unspektakulär sein, dass du kaum mitbekommst, dass du gerade eine Lawine in Gang setzt."

Die Musik spielt noch ein bisschen weiter und wir sind schon fast an unserem Ziel. Im Rückspiegel kann ich beobachten, wie Suryas Füße zur Musik wippen. Beim folgenden Lied wippt dazu noch ihr Kopf mit und ich glaube zu sehen, dass sich zwischendurch ihr Mund öffnet und ihre Lippen leise, ganz, ganz leise den Text mitsprechen. Ihr Mund schließt sich erst wieder, als wir links von uns die Universität sehen. Ich halte vor dem roten Gebäude in der Nähe des Haupteingangs am Straßenrand. Dann drehe ich mich zu Surya um und sehe in ein Gesicht, das strahlt.

Sie fragt, „Was kostet die Fahrt?" und ich freue mich, ihr zu antworten: „Die Fahrt ist gratis. Du zahlst nur für ein Lebensgefühl."

„… also …", obgleich sie die Botschaft versteht, will sie nun einen Betrag hören.

„Gib mir 150 Rupien. Das passt schon", sage ich und sie reicht mir einen 100- und einen 50-Rupien-Schein. Ich nehme das Geld und stecke es in meine Brusttasche.

Surya steigt aus und läuft auf die große Eingangstür der Universität zu, als ich rufe: „Surya, warte!"

Sie dreht sich um und kehrt zu mir zurück.

Ich lehne mich etwas nach hinten, greife nach ihrem Smartphone und gebe es ihr mit den Worten: „Ganz darauf verzichten solltest du trotzdem nicht."

Sie lacht, tippt auf meinen Unterarm und sagt: „… und immer schön die Schultern hinten lassen."

SCANN MICH MIT DER APP!

Professor Devi raucht Pfeife und lernt etwas dazu

Etwas hektisch drehe ich an meinem Anlasser. Das kann doch nicht wahr sein, dass gerade jetzt …! Meine Nanni hat mich noch nie im Stich gelassen. Und ich will Professor Devi nicht im Stich lassen, meinen Lieblingsstammgast. Den ganzen Tag freue ich mich schon auf das, was er mir wieder über seine neuesten Forschungsergebnisse erzählen wird.

Da! Endlich! Erst klingt das Tuckern noch unentschlossen, aber dann ist der gute alte Sound der Nanni wieder voll da.

Es hat nach langer Zeit geregnet und in den Straßenpfützen spiegelt sich jetzt wieder die Sonne. Die Inder lieben den Regen. Mehr noch – für unzählige Bauern und Landwirte ist er lebensnotwendig, denn: „Ohne Regen kein Reis". Und somit ist er auch für Hunderte Millionen von Menschen lebensnotwendig.

Ich fahre mit meiner Nanni durch eine Pfütze und das Wasser spritzt bis auf den Bürgersteig gegen das nackte Bein eines Mannes, der dort gerade entlangläuft. Ups! Der Mann schaut auf sein Bein, zieht ein Taschentuch hervor und wischt das Wasser einfach weg. Er schaut mich noch nicht einmal an.

Diese Eigenschaft beobachte ich bei vielen Menschen in Delhi. Ich führe sie auf das „Abhak-Gen" zurück, wie ich es nenne. Dieses Gen befähigt Menschen dazu, sich nicht weiter aufzuregen, sondern die Dinge einfach abzuhaken. Ehrlich gesagt habe ich noch nie gehört, dass ein solches Gen tatsächlich gefunden wurde, aber dann muss die Forschung eben noch ein bisschen weiterforschen. Denn die Tatsachen sprechen doch für sich: Einige Menschen machen aus jeder Mücke einen Elefanten, während andere den nicht so wichtigen Dingen keinen großen Wert beimessen und einfach weitermachen.

Natürlich hätte der Mann mich erbost anschauen können, mir unschöne Dinge hinterherrufen und sich noch etwas länger darüber aufregen können. Oder er hätte das Wasser wegwischen und einfach weitergehen können. So wie er es getan hat. Es gibt nicht das richtige und das falsche Verhalten. Das Bein war nass. Punkt. Wie er damit umgeht und welche Bedeutung er diesem Fakt gibt, das ist ihm überlassen.

Ich frage mich, wie es denn bei mir selbst um das Abhak-Gen bestellt ist. Kann ich mit den Dingen immer so locker umgehen, wie ich es gern täte? Hmm ... Spontan fällt mir nichts ein, wo ich irgendwie verkrampft reagiert hätte ...

Aber doch! Ich muss an eine Situation denken, die schon etwas länger zurückliegt.

Ich war noch nicht lange Riksha-Fahrer, als ich einmal in einen dicken Stau geriet.

Damals war ich unterwegs zum Bahnhof und sah schon von Weitem, dass sich der Verkehr auf der großen Brücke, die zum Bahnhof führt, staute.

Na, toll…, schoss es mir durch den Kopf.

Ich verlangsamte und tuckerte dem Stauende entgegen. Als ich letztlich zum Stillstand kam, sah ich bereits einige Fahrer neben ihren Fahrzeugen auf der Straße stehen. Manche unterhielten sich, andere telefonierten. Ich stieg aus und ging zu einem Mann, der sich gegen sein Auto lehnte.

„Hallo, was ist denn los?", fragte ich.

Jammern ist wie im Schaukelstuhl zu sitzen. Man wippt und macht und tut… aber weiter kommt man nicht.

Der Mann gähnte, bevor er mir antwortete: „Ein großer Unfall… ich glaube drei, vier Autos sind darin verwickelt. Die Straße ist gesperrt und die gesamte Brücke ist zu!"

Dann zog er eine Zigarettenschachtel aus der Hosentasche und streckte sie mir entgegen. „Nein, danke", sagte ich und ging langsam zum Geländer der Brücke.

Ich stellte mich neben einen älteren Herrn um die sechzig, grüßte ihn mit einem leichten Nicken und schaute auf den Yamuna, der unter der Brücke dahinströmte.

Einen Moment blickten wir gemeinsam aufs Wasser.

Ich gehöre, wie gesagt, zu der Sorte Mensch, die Stille nicht so gut aushalten kann, und sagte daher schnell, „Dieser doofe Stau. Der regt mich schon etwas auf!"

Der ältere Mann schaute weiter auf den Fluss. Es war, als ließe er meine Worte zunächst auf sich wirken. Für mich ist das immer ein Zeichen, dass jemand wirklich zuhört und nicht einfach nur schnell antworten will.

Er schaute mich an und sprach mit leiser Stimme: „Junge, geht es dir besser, wenn ich dir sage, dass der Stau mich auch aufregt?"

Das ist doch bestimmt eine Fangfrage, dachte ich mir.

„Ich … ich glaube nicht, dass es mir dann besser gehen würde. Wobei geteiltes Leid ja halbes Leid ist, oder?", sagte ich unsicher.

„Wenn du deine Sorgen mit mir teilst, dann kann ich dir einen Teil davon abnehmen. Vielleicht einfach nur, indem ich dir zuhöre. Aber ein Stau? Ich bitte dich, mein Junge…" Er blickte auf den Fluss und seine Stimme erinnerte mich an die Stimme meines Vaters. Ruhig, bestimmt, aber auch ein bisschen von oben herab… wobei Letzteres auch daher rühren konnte, dass ich mich als Kind immer ein bisschen erwischt fühlte.

„Ja, aber der Stau…", fing ich an.

„… Junge, ich genieße gerade den Fluss und du jammerst die ganze Zeit über den Stau", unterbrach er mich.

Ich richtete meinen Blick auch wieder auf den Fluss.

Ohne mich anzuschauen, sprach er weiter: „Jammern ist wie im Schaukelstuhl zu sitzen, Junge. Man wippt und macht und tut… aber weiter kommt man nicht."

Nach ein paar Sekunden Stille musste ich loslachen. Und wenn ich mich nicht täuschte, zeichnete sich auch bei dem älteren Herrn ein kleines Lächeln ab.

„Mit Schaukelstühlen kenne ich mich noch nicht so gut aus", grinste ich.

„Jetzt werd nicht frech, junger Mann!", lächelte der Mann zurück und fuhr fort: „Du hast im Leben immer drei Möglichkeiten."

„Was meinen Sie damit?", fragte ich ihn.

„In jeder Situation kannst du auf drei Weisen reagieren. Akzeptiere die Situation so, wie sie ist. Verändere dich und deine Einstellung zur Situation. Oder verlasse die Situation. Bloß jammern bringt nichts", sagte er und ich wiederholte leise vor mich hin: „… akzeptiere, verändere oder verlasse."

„Ich habe in meinem Leben schon zu viele Menschen jammern hören: Es ist so warm … es ist so kalt … alle sind gemein zu mir … mein Keks ist mir in die Milch gefallen … mein Akku ist alle … der doofe Stau …", sprach er mit künstlich schmerzverzerrtem Gesicht. Ich konnte mir das Grinsen nicht verkneifen, denn ich musste bei diesen Worten unwillkürlich an bestimmte Menschen denken … unter anderem an mich selbst.

Der ältere Herr fuhr fort: „Schau … dreh dich um … der Stau ist immer noch da. Und jetzt haben wir drei Optionen: akzeptieren, verändern oder verlassen. Verlassen können wir den Stau gerade nicht. Es sei denn, du hast vor, in den Fluss zu springen und dich von ihm ans andere Ufer bringen zu lassen", lachte er.

„Mmmh … heute mal nicht!", lachte ich mit ihm.

„Okay, dann bleibt uns nur übrig, die Situation zu akzeptieren und unsere Einstellung zu ihr zu verändern."

Ich schaute den Mann an und meine Augen konnten meine Dankbarkeit nicht verbergen. Was er sagte, klang so einfach … und vielleicht war es das ja auch immer gewesen. Vielleicht war es immer einfach gewesen und ich habe es kompliziert gemacht. Die

Meinungsverschiedenheiten mit meinem Vater ... ich hätte sie akzeptieren können. Ich hätte meine Einstellung zu ihm und seine Sicht der Dinge verändern können oder ich hätte meinen Vater verlassen können. Mein erster Job im Restaurant, über den ich mich ständig beschwert hatte: Ich hätte ihn akzeptieren können; ich hätte mich verändern können und dem Restaurantleiter noch deutlicher sagen können, was mich störte; oder ich hätte den Job kündigen können ...

„Nanni", ich schüttelte dem Mann die Hand und ging zurück zu meiner Riksha. Bevor ich einstieg, drehte ich mich nochmals zum Brückengeländer um und blickte in die Augen des Mannes, der mich anschaute und lächelte ...

Akzeptieren, verändern, verlassen ... Während ich an damals denke, greife ich nach der Postkarte, die innen an meiner Windschutzscheibe befestigt ist: eine Gebirgskette in Nepal im Abendlicht. Ich denke an mein Vorhaben, eines Tages dorthin zu reisen. Wie mein Großvater.

Nepal ist ein klarer Fall von „verändern". Von alleine werde ich dort jedenfalls nicht hingebeamt. Irgendwie muss ich mir etwas einfallen lassen, um meinen Traum wahr werden zu lassen.

Wegen meiner kleinen Gedankenreise in die Vergangenheit habe ich gar nicht bemerkt, dass ich schon an der Universität angekommen bin. Professor Devi steht bereits am Straßenrand und lächelt mir entgegen.

Ich will mich gerade für mein Zuspätkommen entschuldigen, doch er zwinkert mir zu: „Keine Panik, Rahul, Sie sind nicht zu spät. Ich bin zu früh. Die Sitzung eben war fürchterlich langweilig, deshalb bin einfach etwas eher gegangen."

Zufrieden lehnt er sich auf dem Rücksitz zurück, schlägt die Beine übereinander, steckt sich eine Pfeife an und kramt einen Ordner aus seiner Ledertasche hervor.

„Heute kann ich Ihnen leider nicht von unseren neuesten Forschungsergebnissen berichten, Rahul", lächelt er entschuldigend, „ich muss dringend noch etwas für meinen nächsten Termin vorbereiten."

Ich bin etwas enttäuscht, lasse mir aber nichts anmerken. *Dann freue ich mich einfach auf die nächste Fahrt mit dem Professor*, denke ich mir.

Im Endeffekt erlebt der Optimist denselben Tag wie der Pessimist… er hat einfach nur viel mehr Spaß dabei.

Wie immer schalte ich für ihn das rote Licht an, was Professor Devi mit einem Nicken dankend quittiert, ohne seine Lektüre zu unterbrechen.

An der nächsten Ampel hat sich ein kleiner Rückstau gebildet. Ich ziehe den Nelkengeruch von Professor Devis Pfeife ein. Manchmal wird mir dadurch zwar etwas schummrig, aber irgendwie mag ich diesen Duft. Es ist eben der typische Professor-Devi-Geruch.

„Sir …", höre ich plötzlich eine leise Kinderstimme. „Sir, bitte …" Ich schaue nach links und sehe dort ein kleines Mädchen stehen. Die Kleine ist vielleicht sechs, sieben Jahre alt, hat lange schwarze Locken, die etwas verdreckt sind. Sie trägt ein zerrissenes T-Shirt, das ebenfalls verdreckt ist. Mit großen braunen Mandelaugen sieht sie mich an.

„Sir, bitte …", sagt sie erneut und gibt mir zu verstehen, dass sie Durst hat, indem sie die Hand zum Mund führt und eine Trinkbewegung macht.

Nach dem Regen ist der Tag inzwischen sehr schwül geworden. In diesem Moment merke ich, dass auch mein Mund durch den aufgewirbelten Staub der Straße ganz trocken ist.

„Sir, ich habe Durst …", sagt das Mädchen und die kleinen Risse auf ihren Lippen machen meinen Mund noch trockener, als er ohnehin schon ist.

„Ja, einen Moment …", sage ich und greife blind zu einer Wasserflasche, von der ich weiß, dass sie in einer kleinen Ablage rechts neben dem Einstieg liegt. Ich will sie dem Mädchen gerade geben, als ich merke, dass sie nur noch zur Hälfte gefüllt ist … oder bereits zur Hälfte geleert. Je nachdem, wie man es halt sieht. Halb voll, halb leer, Optimismus, Pessimismus …

Nicht der glückliche Mensch wird dankbar,
sondern der dankbare Mensch ist glücklich.

Ich würde mich ja selbst immer als Optimisten bezeichnen. Nicht, weil für mich diese Flasche halb voll ist, sondern weil es viele Momente in meinem Leben gibt, an die ich zurückdenke und die mir ein Lächeln ins Gesicht zaubern. Im Endeffekt erlebt der Optimist denselben Tag wie der Pessimist … er hat einfach nur viel mehr Spaß dabei.

Wie auch immer, ich starre die Flasche an und schäme mich, dem Mädchen diese angebrochene Wasserflasche zu geben. *Nein! Das kann ich doch nicht. Ich meine… ich habe bereits daraus getrunken und… nein, das geht doch echt nicht.* Ich greife nochmals in die Ablage – sie ist leer. Ich greife in die Ablage zu meiner Linken – auch sie ist leer.

„Professor Devi, liegt hinten noch eine Flasche Wasser?", frage ich etwas hektisch.

Er schaut nach links, er schaut nach rechts, dreht sich dann um und schaut auch in den kleinen provisorischen Kofferraum – nichts. Keine volle Wasserflasche.

Ich blicke das Mädchen etwas betreten an. Ihre großen Augen halten meine halb volle oder halb leere …, egal, sie halten meine Wasserflasche fest im Blick. Langsam reiche ich ihr die Flasche und sehe, wie sich ebenfalls ganz langsam ein Lächeln in ihrem Gesicht abzeichnet. Und auch mein verschämter Blick weicht langsam einem kleinen Lächeln.

In dem Moment, als ich ihre Freude wahrnehme, sind all diese nichtigen, schamerfüllten Gedanken verschwunden.

Das Mädchen drückt die Flasche gegen ihren Körper und schenkt mir ihr vielleicht schönstes Lachen. Zumindest ist es für mich das schönste Lachen, das ich seit Langem gesehen habe. Sie ruft ganz laut „Nanniiiiii" und läuft zurück zum Bürgersteig.

Dort stehen ein paar andere Kinder, ihre Freunde, wie es scheint. Sie gesellt sich zu ihnen und nimmt einen großen Schluck aus der Wasserflasche. Dann reicht sie die Flasche weiter und ein Kind nach dem anderen trinkt daraus.

Als ich nach vorne schaue, blicke ich direkt in die Augen eines grimmigen Verkehrspolizisten, der mir mit zackigen Handbewegungen anzeigt, dass ich nun endlich losfahren soll. Diesen Wunsch kann ich ihm unmöglich abschlagen und gebe Gas.

„Die war ja süß!", sagt Professor Devi, als wir weiterfahren.

Oh ja, das war sie wirklich. Und ganz nebenbei hat sie mir etwas Wichtiges beigebracht. Für mich war die Flasche halb voll oder halb leer. Und deswegen habe ich über Optimismus und Pessimismus angefangen nachzugrübeln. Für mich war es beschämend, ihr diese angebrochene Flasche Wasser zu geben. Und für sie? Für sie gab es kein halb voll oder halb leer. Für sie gab es keine Scham. Für sie gab es nur eins:

„Dankbarkeit", kommt es mir über die Lippen.

„Was meinen Sie?", fragt Professor Devi, während er sich etwas zu mir vorbeugt.

„Dankbarkeit", wiederhole ich. „Dieses Mädchen hat mir gerade etwas Wunderbares gezeigt, Professor Devi. Wissen Sie, wir denken viel zu oft über Glück, Schicksal, Optimismus, Pessimismus und so weiter nach. Aber das Allerwichtigste ist doch … Dankbarkeit."

„Ich stimme Ihnen zu, aber…", fängt Professor Devi an zu sprechen und ich muss an die Worte meines alten Geschichtslehrers Herrn Singavantham denken, der immer sagte, alles, was vor einem „aber" gesagt wird, sei gelogen.

In diesem Falle wäre es also das „Ich stimme Ihnen zu" von Professor Devi. Ich muss schmunzeln, lasse ihn aber natürlich trotzdem weitersprechen.

„… ich stimme Ihnen zu, aber das ist ja nicht immer ganz so einfach, wie es auf den ersten Blick vielleicht aussehen mag. Wenn es einem gut geht und alles rundläuft im Leben, dann ist man natürlich schon dankbar." Dann fügt er verschmitzt lächelnd hinzu: „Nur fragen Sie mich jetzt nicht, ob ich das mit einer wissenschaftlichen Studie beweisen kann."

„Aber genau das ist doch der entscheidende Punkt", sage ich. „Nicht der glückliche Mensch wird dankbar, sondern der dankbare Mensch ist glücklich."

„… nicht der glückliche Mensch wird dankbar, sondern der dankbare Mensch ist glücklich …", wiederholt Professor Devi ganz langsam meine Worte. Er nimmt seine Pfeife aus dem Mund, blickt mich eindringlich an und sagt:

„Mit Ihnen zu fahren, ist für mich immer eine Freude, Rahul. Eine wahre Freude."

SCANN MICH MIT DER APP!

Wie ich den reichsten Ort der Welt entdeckte

Ein angenehmer Wind weht mir ins Gesicht, die Nanni düst die Straße entlang. Wir sind auf dem Weg vom Indischen Tor in Richtung Lotustempel. Wir – das sind ich und ein charmantes älteres Ehepaar, das ein wenig gequetscht auf der Rückbank sitzt. Die Frau hat einen Gehstock dabei und als sie einstieg, schien sie Schmerzen zu haben. Doch das tut der guten Stimmung der beiden keinen Abbruch. Immer wieder recken sie neugierig die Köpfe, machen sich gegenseitig auf etwas aufmerksam, woran wir vorbeifahren, und plaudern angeregt in einer mir unbekannten Sprache.

Vielleicht Französisch, überlege ich, *oder Portugiesisch?* Egal, zwar verstehe ich kein Wort, aber ich bekomme trotzdem einiges mit. Denn wir können nicht *nicht* sprechen. Unsere Augen, unser Körper, einfach alles an uns teilt sich ständig der Umwelt mit. Die Frage ist nur, ob wir die anderen verstehen *wollen*.

Ich glaube, jede Sprache ist wie ein Musikstück. Jede Sprache ist auf ihre Art und Weise schön. Ein Lied ist schnell, ein anderes Lied klingt fröhlich, wieder ein anderes Lied klingt bestimmend. Und dann gibt es da noch einen Klang, den jeder Mensch versteht, eine grundlegende Harmonie in der Sprache. Eine Grundempathie, die angeboren ist. Und so verstehe ich zwar nicht, was meine Passagiere sagen, aber ich merke, dass es ihnen in meiner Nanni gut geht. Und das ist für mich die Hauptsache.

Da ich sie nicht nach ihrer Lieblingsfarbe fragen kann, habe ich einfach Orange eingestellt, was ihnen sofort ein bewunderndes „Ohh!" entlockte.

Ich bin immer wieder selbst erstaunt, wie stark wir Menschen auf Farben reagieren und wie leicht es ist, anderen damit eine Freude zu machen …

Die meisten Menschen sind immerzu beschäftigt. Sie sind keine „Human Beings", sondern „Human Doings".

„TUUUUUT." Ich erschrecke über das laute Hupgeräusch, das mich aus diesem Gedanken reißt. Ich brauche eine Sekunde, um zu kapieren, dass die Ampel, an der wir gehalten hatten, inzwischen auf Grün steht und das Auto vor mir schon losgefahren ist. Es hat aber nur ein paar Meter Vorsprung, die Ampel kann also erst vor zwei oder drei Sekunden grün geworden sein. „TUUUUUUUT", kommt es wieder von hinten. Ja, ist ja gut, denke ich mir. Vielleicht habe ich es auch leise vor mich hingesagt.

Ich bin zwar der beste Sänger im Osten Delhis, aber Formel-1-Fahrer bin ich nicht, auch wenn meine Nanni mit ihren 52 PS schon manch andere Rikscha-Fahrer meinen Staub fressen ließ.

„Ich habe keine Zeit!", ruft der Fahrer eines alten Mitsubishi-Jeeps verärgert aus dem Seitenfenster, als er an mir vorbeifährt.

„Zeit hat man nicht. Zeit nimmt man sich", rufe ich zurück. Sein verdutzter Gesichtsausdruck ist das Letzte, was ich von ihm sehe, als er wild gestikulierend davonfährt.

„Ich hab keine Zeit. Ich hab keine Zeit" … Wie oft ich das von Freunden, Bekannten oder der Familie höre. Und jeder von ihnen kriegt von mir dieselbe Antwort, die für einen kurzen Moment auch die Gesichtsmuskeln des Jeepfahrers erschlaffen ließ.

Ist doch wahr. Wenn mir etwas wirklich wichtig ist, dann nehme ich mir dafür die Zeit. Oder wenn ich spüre, dass jemand anderem eine Sache wirklich wichtig ist … auch dann nehme ich mir dafür die Zeit. Der eine nimmt sich Zeit fürs Singen. Der andere für das Stutzen seines Schnurrbarts. Ein dritter, um ein wunderschönes Bild zu malen. Und noch ein anderer nimmt sich die Zeit, um den Sorgen eines guten Freundes zuzuhören. Wofür wir uns Zeit nehmen, das bleibt immer uns selbst überlassen.

Aber das Verhalten des Fahrers hat vermutlich damit zu tun, dass die meisten Menschen immerzu beschäftigt sind. Sie sind keine „Human Beings", sondern „Human Doings". Die Sprache macht es doch mal wieder so klar: Das englische Wort *being* bedeutet „sein". Wir sollten einfach sein und nicht ständig tun, tun, tun, wie es das Wort *doing* nahelegt. Aber viele Menschen verhalten sich wie „Human Doings" und wundern sich, weshalb sie immer in Eile sind und sich oft ausgelaugt und traurig fühlen …

Plötzlich spüre ich, dass hinter mir Unruhe entstanden ist. Der Tonfall der Unterhaltung hat sich verändert und die älteren Herrschaften kramen besorgt in ihren Taschen. Sie scheinen etwas zu suchen. Der Mann sieht sorgenvoll aus und nun bemerke ich, wie viele Falten sein markantes Gesicht durchziehen. Er muss deutlich älter sein, als ich zunächst angenommen habe.

Schließlich lehnt er sich nach vorn und versucht, mir in gebrochenem Englisch etwas zu verstehen zu geben.

„Anders …", bringt er stockend hervor, „… Hotel!"

Ich blicke ihn konzentriert im Rückspiegel an und versuche, aus seinen Worten schlau zu werden. Soll ich den beiden ein Hotel empfehlen?

Der Herr spürt mein Unverständnis. „Nicht Lotustempel … bitte … unser Hotel."

Er kramt in seiner Hosentasche und zieht eine etwas zerknautschte Visitenkarte hervor, auf der ich „Imperial Palace" lese.

Ah, die beiden wollen in ihr Hotel gebracht werden statt zum ursprünglich vereinbarten Ziel! Alles klar. Ich nicke ihnen lächelnd zu, um ihnen zu zeigen, dass ich sie verstanden habe, und nehme beim nächsten Kreisverkehr die Ausfahrt, die zum Hotel führt.

Der Herr ist noch immer etwas beunruhigt, doch seine Frau nimmt liebevoll seine Hände in ihre und redet beruhigend auf ihn ein. Allmählich entspannt er sich und die beiden scheinen ihre Fahrt in der Nanni wieder zu genießen.

Es ist auch wirklich ein toller Tag! Oft ist der Himmel in Delhi ja bedeckt, vom Smog oder leichten Wolken, aber heute ist er in ein strahlendes Blau getaucht. Und dieses ältere Paar ist mir total sympathisch, ich freue mich, dass die beiden so viel Freude an meiner Heimatstadt haben, die für sie offenbar ganz neu ist.

Ganz schön fit sind sie, denke ich bewundernd. *Wenn sie tatsächlich aus Europa sind, haben sie ja einen langen Flug auf sich genommen, und das in ihrem Alter und trotz Gehbeeinträchtigung…*

Vor uns taucht die Auffahrt des Hotels auf, die zu einem imposanten Gebäude führt, vor dessen Fenstern fröhliche gelbe Markisen leuchten. Vergnügt setze ich meinen Blinker und freue mich für die beiden, dass sie eine so schöne Unterkunft gefunden haben. Und für mich freue ich mich, dass ich einen so schönen Ort besuchen darf.

Der reichste Ort der Welt ist der Friedhof.
Dort liegen Millionen, wenn nicht gar
Milliarden Träume begraben.

Der Herr hilft seiner Frau beim Aussteigen und gibt mir durch Handbewegungen zu verstehen, dass ich mit ihnen hineinkommen soll. Das lasse ich mir nicht zweimal sagen.

Am Empfang spricht er kurz in seiner Sprache mit dem Portier, der verstehend nickt und sich dann an mich wendet: „Dieser Gast hat sein Portemonnaie verloren. Beziehungsweise er glaubt, dass er es vielleicht in seinem Zimmer liegen gelassen hat. Er bittet Sie, hier kurz zu warten, während er nach oben geht und nachsieht." Oh je, wie ärgerlich, es tut mir leid für den freundlichen Herrn, dass er sich deshalb Sorgen macht. Ich blicke ihn verständnisvoll an und zeige ihm durch ein Nicken, dass ich einverstanden bin. Der Portier und ich sehen dem älteren Paar nach, wie es sich langsam auf den Aufzug zubewegt.

Der Portier bietet mir ein Glas Wasser an, das ich dankend annehme.

„Das sind ganz wunderbare Gäste", sagt er, während er mir das Wasser eingießt und ich im Stillen seine schicke Uniform bewundere. „Sie sind über achtzig und zum ersten Mal in Indien. Die Dame hat gesundheitliche Probleme, aber die beiden sind immer gut gelaunt und haben für jeden ein freundliches Wort."

„Das ist mir auch schon aufgefallen – wie positiv sie sind und sich für alles interessieren", stimme ich ihm zu.

> *Es geht nicht darum, dem Leben mehr Jahre zu geben, sondern den Jahren mehr Leben.*

„Tja, die sind lebendiger als so manch anderer." Der Portier lacht kurz auf: „Was meinen Sie, wie viele Menschen ich hier hereinkommen sehe, die jung und gesund sind … und einige sind scheinbar auch sehr erfolgreich: Anwälte, Ärzte, selbstständige Unternehmer, Ingenieure oder IT-Spezialisten. Aber wissen Sie, was ich sehe, wenn sie zu mir an den Empfang kommen und einchecken?"

„Ich würde ja jetzt sagen Anwälte, Ärzte, selbstständige Unternehmer, Ingenieure oder IT-Spezialisten, aber vermutlich haben Sie eine spannendere Antwort", scherze ich.

Der Portier wollte schon weitersprechen, unterbricht sich aber, weil er über meine Antwort lachen muss.

„… ja genau, Anwälte, Ärzte, selbstständige Unternehmer, Ingenieure oder IT-Spezialisten! Richtig. Sie haben soeben die

1000-Rupien-Frage bei ,Wer wird Millionär' erfolgreich gemeistert", lacht er. „… und wissen Sie, was ich noch sehe? Leere Gesichter. Ich erschrecke mich wirklich ganz oft, wenn ich in die Gesichter mancher Gäste blicke. Ich sehe dann Menschen, die mit 25 Jahren gestorben sind."

„… mit 25 Jahren gestorben?", wiederhole ich leicht erschrocken.

„Ja. Diese Menschen sind mit 25 Jahren gestorben und werden dann mit 90 Jahren beerdigt."

Puh, was für ein Satz! Ich finde ja auch immer, dass man möglichst viel ausprobieren und jedem Augenblick die Chance geben sollte, zum schönsten des Lebens zu werden. Das versuche ich jedenfalls. Aber die Geschichte vom Portier rückt die Sache noch mal in ein anderes Licht.

Ich muss schlucken und denke an mein Gespräch mit Gibu zurück. Im Grunde fängt es doch da bereits an. Wenn wir nicht im Moment sind, dann kann es sein, dass wir eines Tages wie lebende Tote durch die Gegend laufen.

Und ich muss an Nepal denken. Allein durchs Anschauen meiner Postkarte in der Nanni komme ich dort auch nicht hin…

Der Portier freut sich, dass ich für ein solches Gespräch zu haben bin, und beugt sich über den Empfangstresen etwas zu mir vor:

„Ich will Sie noch etwas fragen."

„Ja?" Neugierig bin ich ja schon.

„Kennen Sie den reichsten Ort der Welt?"

Ich blicke in sein Gesicht und bemerke, dass er mich erwartungsvoll ansieht. Hmm, ich kaue ein wenig auf meiner Unterlippe herum und strenge mich an. Da mir nicht sofort etwas einfällt, schaue ich in die weitläufige Lobby, als könnte die Antwort dort auf einem Sessel sitzen und mir zuwinken. Die Situation ist etwas ungewohnt, sonst bin ich doch derjenige, der seine Fahrgäste gern mit einer Frage überrascht …

„Dubai!! … Nein, obwohl Russland könnte eventuell … oder vielleicht doch ein Ort in den USA …?" Mein Kopfsalat ist zur Stelle und spuckt ein paar Antworten aus.

Als der Portier merkt, dass ich nicht weiterweiß, grinst er vergnügt: „Es ist der Friedhof. Dort liegen Millionen, wenn nicht gar Milliarden Träume begraben. Dort liegen Ideen, Visionen, Vorhaben, Pläne und Wünsche unter der Erde. Unzählige Menschen nehmen diesen Reichtum mit ins Grab. Denn es gibt so viele, die in ihrem Leben noch so viel vorhatten und es einfach nicht taten. Nur weil ihnen nicht klar war, dass nicht die Dauer des Lebens ausschlaggebend ist, sondern die Lebensfreude und …"

„… die Fähigkeit, die Gegenwart zum Geschenk zu machen", falle ich ihm ins Wort.

„Genau! Das ist ein schönes Bild", sagt der Portier. „Man könnte es auch so ausdrücken: Es geht nicht darum, dem Leben mehr Jahre zu geben, sondern den Jahren mehr Leben."

„Und manchen Menschen gelingt beides", lache ich, „wie zum Beispiel dem Ehepaar, das ich hierherfahren durfte."

„Absolut!", lächelt der Portier.

In dem Moment tritt der ältere Herr aus dem Lift und steuert auf uns zu. Erleichtert wedelt er bereits von Weitem mit seinem Portemonnaie in der Luft.

Als er uns erreicht hat, bittet er den Portier, mich zu fragen, was er mir schuldet. Als dieser ihm meine Antwort übersetzt – „Die Fahrt ist kostenlos, Sie zahlen nur für das Lebensgefühl, das Sie unterwegs hatten" –, lacht der Gast schallend und klopft mir anerkennend auf die Schulter. Er drückt mir 1000 Rupien in die Hand.

Ich denke erst, er hat sich vertan, und will ihm den Schein zurückgeben, aber er wehrt ab, legt die Handflächen vor seinem Herz aneinander und macht eine leichte Verbeugung. Verblüfft mache ich es ihm nach und so danken wir uns gegenseitig auf traditionell indische Art und Weise.

Grüne Pickel sind ziemlich cool

Hast du deinen Führerschein im Lotto gewonnen??", schreie ich den Busfahrer an, der nur den Kopf schüttelt, was mich noch rasender macht. „Da brauchst du auch gar nicht den Kopf zu schütteln! Komm! Fahr weiter!", rufe ich ihm noch zu, während er bereits um die Ecke biegt. Hat er mir doch tatsächlich die Vorfahrt genommen! Gedankenverloren schaue ich nach rechts, als ich an einer Ampel zum Stehen komme. Dort ist ein Optiker, dessen Scheiben verspiegelt sind. Ich erwische mich in diesem typischen Moment, in dem man sich selbst sieht, aber ein paar Sekunden braucht, um das zu kapieren. Das sind die Momente, in denen man nicht cool oder lasziv schaut, sondern man genau so aussieht, wie man sich fühlt – ohne Maske. Aus der Scheibe blickt mir mein verärgertes Gesicht entgegen, das sogar ein wenig bleich wirkt, auch wenn das bei meinem dunklen Teint nur schwer vorstellbar ist.

Bewusst entspanne ich die Augenbrauen und setze einen freundlichen Blick auf. Ich hebe den Kopf und ziehe die Schultern nach hinten … Ich muss an Surya denken und spüre, wie ich mich schon etwas besser fühle.

Am Straßenrand steht eine junge Frau, die wild mit der Hand fuchtelt, um mich heranzuwinken. Ich schere in die linke Spur ein und werde zunehmend langsamer, als ich auf sie zufahre. Ihr Arm hat sich noch nicht beruhigt und winkt mir immer noch zu, obwohl ich nur noch wenige Meter vor ihr entfernt bin. Nicht, dass der Busfahrer von eben wieder vorbeifährt … ihr Arm wäre ernsthaft in Gefahr!

Die Frau wirkt auf mich sehr modern: helle Jeans, graue Sportschuhe, schwarzes Top, Ponyschnitt mit Sonnenbrille im Haar und eine edle Handtasche. Sie steigt ein und verbreitet binnen Sekunden einen fruchtigen Parfümgeruch. Der Duft zaubert mir ein Lächeln ins Gesicht, denn in dieser Gegend strömt ansonsten der Geruch von verbranntem Müll in meine Rikscha. Obwohl Lächeln ja ansteckend sein soll, stecke ich sie nicht an.

„Einmal zum Jivar-Platz bitte", sagt sie und hat dabei diesen ganz bestimmten Gesichtsausdruck. Er ist nicht unfreundlich, sondern eher angespannt beziehungsweise unzufrieden. Diesen Ausdruck kenne ich von mir, wenn ich abends im Bett liege, den Tag Revue passieren lasse und mich das unschöne Gefühl überkommt, ihn nicht wirklich genutzt zu haben.

„Sehr gerne, Madam!", sage ich im fröhlichsten Ton, der mir möglich ist, und gebe Gas.

Wir fahren gerade auf die Hauptstraße zurück, da kramt sie in ihrer Handtasche, holt ihr Handy heraus und macht ein Selfie. Im Rückspiegel sehe ich, wie sie ihr schönstes – wenn auch nicht unbedingt ihr natürlichstes – Lächeln aufsetzt und ein paar Fotos macht. Ihr Lächeln verfliegt von einem Moment auf den nächsten und sie beginnt, einige der Fotos wieder zu löschen. Ihr favorisiertes Foto bearbeitet sie anschließend noch derart aufwendig, dass sie erst am Ende des Häuserblocks damit fertig ist.

„Und? Gut geworden?", frage ich ein wenig unbeholfen.

„Na ja ... es geht so", nuschelt die junge Frau, was mich im Grunde genommen wenig überrascht. Das ist ja oft so bei Selfies.

> *„Weißt du, was mir an dir sofort aufgefallen ist, Jolie? Deine neunundneunzig Prozent ohne Pickel", sage ich.*

Sie betrachtet ihr eigenes Bild nochmals eingehend, indem sie ihr Handy hin und her dreht und ihren Kopf gleichermaßen mitschwenkt. Sie hält das Handy jetzt ganz nah ans Gesicht, sodass ihre Sonnenbrille fast gegen das Display stößt.

„Hmm ... dieser eine Pickel stört mich ja schon ...", murmelt sie vor sich hin und berührt mit dem Finger den Pickel, als ob er sich dadurch in Luft auflösen würde.

„Mmhhh ... das glaube ich dir", sage ich und versuche den höchsten Grad an Mitleid in meine Stimme zu legen, gepaart mit einem übertrieben verzweifelten Gesichtsausdruck.

„So schaffst du es nie bis nach Bollywood!", sagt sie lächelnd zu mir.

„Ich heiße übrigens Rahul", versuche ich schnell abzulenken.

„Jolie, freut mich", antwortet sie und filmt bereits mit ihrem Handy aus der Nanni heraus.

„Weißt du, was mir an dir sofort aufgefallen ist, Jolie?", sage ich, während ich wieder in den Rückspiegel schaue.

„Was denn?", gibt sie knapp zurück und beweist ihre Fähigkeit zum Multitasking, indem sie das soeben gefilmte Video bereits auf ihrem Schoß bearbeitet und in ihren Social-Media-Kanälen verteilt.

„Deine neunundneunzig Prozent ohne Pickel", sage ich ebenfalls ohne große Erklärungen.

Ich kann im Rückspiegel beobachten, wie ihr Blick vom Handy weicht und in meinen Rückspiegel wandert.

„Wie ... wie meinst du das?"

„So wie ich es gesagt habe", lache ich.

Mein Lächeln ist diesmal ansteckend und auf ihrem Gesicht zeichnet sich ebenfalls ein Lächeln ab.

Ein leises „Danke?!" dringt eher fragend aus ihrem Mund, was darauf schließen lässt, dass sie wohl immer noch nicht so ganz versteht, was ich meine.

„Schau mal, Jolie. Wir blicken im Leben so oft auf das, was wir nicht mögen. Du störst dich an deinem Pickel, dabei gibt es so viele Stellen an dir, die ohne Pickel sind. Die siehst du aber nicht, wenn du immerzu diesen einen Pickel anschaust", erkläre ich und füge hinzu: „Im Übrigen kannst du für ihn dankbar sein."

Jolie lacht auf und betrachtet im Rückspiegel ihren Pickel mit gerümpfter Nase. „Warum sollte ich für den dankbar sein?", fragt sie, während sie mit dem Mittelfinger an ihm herumspielt.

„Na ja ... er will dir was sagen: Pass auf, was du isst ... stress dich nicht so viel ... auch im kleinsten Pickel kann eine große Botschaft stecken ... Aber hey, ich kann dich verstehen. Ich bin heute Morgen aufgestanden und habe mich über die Lachfalten um meine Augen geärgert."

„Die sind doch schön", sagt sie, „… außerdem sind sie ein Zeichen dafür, dass du gerne lachst. Also quasi optisch wahrgewordene Lebensfreude!"

> *„Ich würde niemals auf eine Antikriegsdemo gehen, aber auf eine Friedensdemo jederzeit", sagte Mutter Teresa.*

Wir fahren die Hauptstraße entlang, auf der uns ein großer roter Reisebus entgegenkommt. „Destination: Kalkutta" steht in gut lesbaren Buchstaben über dem Busfahrer. Immer wenn ich etwas über Kalkutta lese oder höre, kommt mir ein Name in den Kopf: Mutter Teresa. Als Ordensschwester widmete sie ihr Leben den Armen in den Slums von Kalkutta und lebte dort jahrzehntelang unter ihnen, bis sie 1997 starb.
„Energie folgt immer der Aufmerksamkeit, Jolie", sage ich und vermute, dass dieser Satz für Verwirrung sorgen wird.
Und so kommt es dann auch: „Was meinst du damit denn jetzt schon wieder, Rahul?"
„Ich bin ganz ehrlich", erwidere ich, „ich kann dir nicht genau erklären, was Energie ist. Aber auf jeden Fall geht sie immer dorthin, worauf du deine Aufmerksamkeit richtest. Deswegen ist es nicht nur im Falle eines Pickels sinnvoller, sich auf das zu konzentrieren, was man möchte oder was man mag. So wie Mutter Teresa, die von Kalkutta …"
„So wie Mutter Teresa?", unterbricht sie mich erstaunt.
„Ja, so wie Mutter Teresa. Sie hat mal etwas echt Schönes gesagt.

Den genauen Wortlaut bekomme ich nicht mehr ganz zusammen, aber es ging in etwa so: ‚Ich würde niemals auf eine Antikriegsdemo gehen. Aber auf eine Friedensdemo können Sie mich jederzeit einladen.‘“

Ich sehe an Jolies Blick, dass sie im Grunde versteht, was ich sagen will, aber dass es noch ein paar Fragezeichen gibt.

Also fahre ich fort: „Für viele Menschen sind eine Antikriegsdemo und eine Friedensdemo das Gleiche. Aber nicht für Mutter Teresa. Denn sie wusste, dass Energie immer der Aufmerksamkeit folgt. Bei einer Antikriegsdemo liegt die Aufmerksamkeit auf dem Krieg. Bei einer Friedensdemo liegt sie auf dem Frieden.“

„Also ergibt es mehr Sinn, dass ich auf eine Reine-Haut-Demo gehe und nicht auf eine Anti-Pickel-Demo?“, bemerkt Jolie trocken und wir fangen beide an zu lachen.

Vergleiche und Erwartungen machen garantiert unglücklich.

Während ich noch lache, drehe ich am Schalter unter meinem Lenkrad und im Nu erstrahlt der Innenraum der Nanni in einem sanften Grün: „Jetzt kannst du wenigstens ein paar Selfies mit grünem Pickel machen. Das hat auch nicht jeder.“

Zudem schalte ich das Radio an. Als ich die monotone Stimme eines Nachrichtensprechers höre, wechsle ich schnell den Sender. Früher hatte ich immer die Nachrichten laufen, bis ich irgendwann bemerkte, dass meine Gäste mit jeder Schreckensmeldung und jeder Nachricht über Krieg und Terror, über das Vermüllen unserer Meere und den Hass zwischen den Menschen einen immer starreren Blick kriegten. Das wollte ich nicht. Und deswegen läuft seitdem in der Nanni nur noch Musik.

Während Jolie ein Video von der Umgebung macht, sagt sie: „Wahnsinn, hier laufen echt ein paar coole Leute rum! Hätte ich in dieser Gegend gar nicht vermutet."

„Das ist mir auch noch nicht aufgefallen! Aber hey… das ist doch genau das, wovon wir gesprochen haben", sage ich.

„Also komm, Rahul, was haben denn bitte schön Mutter Teresa, ein Pickel und coole Leute miteinander zu tun?"

Ohne es zu wollen habe ich Jolie wohl gedanklich abgehängt.

„Denk an deine Tasche", sage ich.

Die Verwirrung in ihrem Gesicht wächst.

„Denk an deine Tasche", wiederhole ich, und während Jolies Blick auf ihre beige, mit Goldelementen verzierte Tasche fällt, fahre ich fort: „Erinnere dich doch mal an die Zeit, als du vorhattest, dir diese Tasche zu kaufen. Du gingst auf die Straße und… was hast du überall gesehen?"

Ohne groß zu überlegen antwortet Jolie: „Ich sah überall Frauen mit genau dieser Handtasche. Es war verrückt. Sie waren fast an jeder Ecke."

„Waren sie vorher auch da?", hake ich ein.

„Ja…"

„Hast du sie vorher auch gesehen?", hake ich nochmals ein.

„… nein", kommt die nächste einsilbige Antwort.

Also spreche ich weiter: „Und genauso ist es im Leben. Nicht nur folgt die Energie der Aufmerksamkeit. Sondern das Leben zeigt dir auch die Dinge, denen du deine Aufmerksamkeit schenkst.

Das Leben zeigt dir Handtaschen, an die du denkst. Es zeigt dir
Autos, die du haben möchtest. Es zeigt dir coole Leute…"
„…und manchmal zeigt es dir auch Stoppschilder!", ruft Jolie laut
dazwischen.
Ich lege mit der Nanni eine Vollbremsung hin und wir kommen
in letzter Sekunde an besagtem Stoppschild zum Stehen. Jolies
Handy fällt von ihrem Schoß unsanft auf den Boden. Sie hebt es
auf und wischt mit dem Display ein paar Mal über ihre Jeans.
„Entschuldige bitte…", sage ich kleinlaut.
„Kein Problem…", antwortet sie, während sie auf das Display
schaut. „…wieso kriegen diese Mädels immer so viele Likes auf
ihre Bilder?! Was ist denn an denen so viel besser als an meinen?",
beschwert sie sich.
Wir biegen links in eine kleine Gasse ab, in deren Geschäften
Kleidung angeboten wird. Die Verkäufer rufen in die vorbei-
fahrenden Rikschas hinein, da man hier nur mit Schritt-
geschwindigkeit fahren kann.
„Hallo, schöne Frau… BE HAPPY!", ruft einer der Männer und
schwenkt dabei ein weißes T-Shirt, auf dem in bunten Buchstaben
„BE HAPPY" steht.
Ich winke ab und fahre weiter.
„Be happy… tja… jeder möchte wohl glücklich sein", philoso-
phiere ich vor mich hin.
Als ich sehe, dass Jolie zustimmend nickt, denke ich laut weiter:
„…und umgekehrt bedeutet das, dass niemand unglücklich sein
möchte… Es gibt zwei Wege, die garantiert unglücklich machen",
ich schaue in den Rückspiegel, „…und du hast gerade das
Meisterstück vollbracht, beide gleichzeitig zu beschreiten."
Jolies Gesichtsausdruck ist ein einziges Fragezeichen.

„Vergleiche und Erwartungen machen unter Garantie unglücklich", sage ich und setze mit Nachdruck hinzu: „Vergleiche dich
mit anderen oder erwarte etwas von anderen … und du wirst
garantiert unglücklich."

„Aber … aber wie kommst du jetzt darauf?" Ihr erstaunter Blick
spiegelt sich in ihrer erstaunten Stimme wider.

„Du schaust dir Fotos von anderen Frauen in den sozialen Medien
an und vergleichst dich mit ihnen. Dort siehst du die scheinbar
perfekte Welt und bei dir siehst du den grünen Pickel", lache
ich und werde dann wieder ernst, „… und du erwartest etwas …
du erwartest Likes, du erwartest Anerkennung von Menschen,
die du noch nicht mal richtig kennst. Wir haben ja eben am
Stoppschild auch nicht erwartet, dass die anderen Autofahrer
uns für unsere geglückte Vollbremsung ihre gehobenen Daumen
entgegenstrecken."

Jolie muss grinsen. Doch nach wenigen Sekunden blickt sie
wieder auf ihr Smartphone.

*Habe Hoffnung, aber keine Erwartungen,
dann wirst du niemals enttäuscht, aber erlebst
vielleicht ein Wunder.*

Ich räuspere mich leise, aber bestimmt.
Ihr Kopf schießt hoch und sie sieht aus, als fühle sie sich ertappt.
Ertappt bei dem Versuch, sich unglücklich zu machen: „Ich … ich
schaue doch nur, was andere so machen", stammelt sie.
„Aber dabei siehst du zwangsläufig das, was du nicht hast. Eine

bestimmte Frisur. Den Urlaub. Den Partner …", ich warte einen kurzen Moment und ergänze dann, „… und innerlich fragst du dich, warum du das nicht hast."

„Ja, aber man darf doch wohl nach Dingen streben?!", unterbricht Jolie ungeduldig.

„Klar", sage ich, „… wenn du dich von anderen inspirieren lässt, ist alles gut. Wenn du aber anfängst, an dir selbst zu zweifeln, und du deinen eigenen Wert nicht mehr erkennst, dann wirst du unglücklich. Wenn du dich nicht mehr schön findest, weil eine andere Frau eine schönere Frisur hat. Wenn du nicht mehr stolz auf dich sein kannst, weil du dir einen bestimmten Urlaub nicht leisten kannst. Wenn du dich nicht mehr geliebt fühlst, weil du gerade Single bist …"

„Hmm …"

Jolies „Hmm" kenne ich bereits. Sie blickt kurz aus dem Fenster und richtet dann einen leicht kämpferischen Blick in meinen Rückspiegel: „Vergleiche und Erwartungen machen also unglücklich … Okay! Aber wenn ich keine Erwartungen an andere Menschen hätte, dann könnte ich ja gleich alleine auf dem Mars leben." Jolie hat hörbar Schwierigkeiten, einen leicht zickigen Ton zu unterdrücken.

„Weißt du, Jolie, mein Großvater sagte immer: ‚Habe Hoffnung, aber keine Erwartungen, dann wirst du niemals enttäuscht, aber erlebst vielleicht ein Wunder.' Als du vorhin eingestiegen bist, habe ich gehofft, dass du nett bist … ich habe es nicht erwartet. Ich habe gehofft, dass wir uns gut unterhalten würden … ich habe es nicht erwartet."

„… und das Stoppschild … das hattest du auf keinen Fall erwartet!", neckt sie mich mit einem Lachen.

Ich kann mir das Lachen ebenfalls nicht verkneifen, denn Jolie schafft es irgendwie immer, mich aus dem Konzept zu bringen. Ich schaue in den Rückspiegel, sie lächelt immer noch. Ihre schönen Zähne sind mir bis dahin noch gar nicht aufgefallen. Wir fahren an einem riesigen Plakat mit Zigarettenwerbung vorbei, auf der ein bekannter Schauspieler mehr oder weniger elegant aus einem Sportwagen aussteigt und dabei noch eleganter eine Zigarette in der Hand hält. Am Fuße des Plakates steht relativ klein, aber deutlich zu lesen: „Die indische Regierung warnt: Zigaretten machen abhängig."

Ich wende meinen Blick vom Plakat wieder auf die vor mir liegende Straße, setze den Blinker nach links und säusele leise: „Erwartungen machen abhängig."

„Also ist das nicht etwas übertrieben?"

„Nein, im Ernst. Erwartungen machen abhängig, Jolie. Sobald wir etwas von einem anderen Menschen erwarten, sind wir von ihm und seinen Aktionen abhängig. Gib mir doch mal eben deinen Zeigefinger."

Jolie sieht mich etwas ungläubig an, streckt mir dann aber nach kurzem Zögern ihren Zeigefinger mit den Worten „Hier … aber pass bitte auf die Straße auf" entgegen.

„Natürlich!", sage ich und greife ihren Zeigefinger mit meiner linken Hand, halte dabei aber den Blick nach vorn gerichtet.

„Stell dir vor, du erwartest einen Like von mir und du kriegst ihn nicht …" Dabei ziehe ich kurz und kräftig an ihrem Finger, sodass ein kleiner Ruck durch ihren Körper geht.

„Stell dir vor, du erwartest ein ‚Ich liebe dich' von mir und du kriegst es nicht." Ich ziehe so stark an ihrem Zeigefinger, dass sie ein wenig nach vorne rutscht.

„Stell dir vor, du erwartest, dass ich dich glücklich mache … und ich schaffe es einfach nicht." Ein letztes Mal ziehe ich bei meinen Worten an ihrem Zeigefinger, den sie dann mit einem erstaunten Lachen aus meiner Hand windet.

„Ja, du lachst …", sage ich, „… aber genau so ist es doch. Wenn du deine Erwartungen auf andere richtest, wirst du zu ihrer Marionette. Sie haben dich in der Hand. Das klingt jetzt vielleicht etwas dramatisch, aber am Ende des Tages entscheiden sie, ob es dir gut geht oder nicht."

Jolie schüttelt ihre Hand ein wenig aus und blickt auf die belebte Straße. Sie schaut bloß raus. Ohne Handy. Ohne Video. Fast scheint es so, als wolle sie für einen Moment niemanden an diesem Augenblick teilhaben lassen, sondern ihn nur für sich allein haben.

Wir sind noch etwa fünf Kilometer vom Jivar-Platz entfernt. Ich lächle und genieße den Moment der Stille.

Ganz unbewusst, fast schon automatisch nimmt Jolie ihr Handy wieder in die Hand und genauso mechanisch öffnet sie die Apps, auf denen sie ihre Bilder hochlädt. Ein weiteres Mal rümpft sie die Nase und ihre fein gezupften Augenbrauen ziehen sich eher unfein zusammen.

„Was ist los?", frage ich, „… was hast du jetzt schon wieder gesehen?"

„,… also wenn ich du wäre, würde ich keine Fotos im Bikini posten, bevor ich nicht mindestens zehn Kilo abgenommen hätte!!!' So was schreibt eine gewisse Sarah06 einfach unter mein Foto! Was für eine Frechheit! Wer glaubt sie, wer sie ist?!", ruft Jolie aufgebracht und wirft das Handy verärgert neben sich auf den Sitz.

Soweit ich es beurteilen kann, hat Jolie eine ganz wunderbar weibliche Figur. Sehr natürlich und wirklich schön anzusehen. Ich warte noch ab, bis sich Jolies Gesicht wieder etwas entspannt. Ich bin wie gesagt überzeugt davon, dass wir anderen Menschen keinen Gefallen tun, wenn wir sie aus einem schwierigen Moment holen. Denn auch die schwierigen Dinge im Leben passieren nicht gegen uns, sondern sie passieren für uns. Und zwar so oft, bis wir die Lehre verstanden haben, die uns das Leben damit geben will. Wir biegen auf den Jivar-Platz ab, und schon während ich verlangsame, fragt mich Jolie: „Was kostet mich die Fahrt?"

„Die Fahrt ist kostenlos. Du zahlst heute nur für ein Lebensgefühl. 72 Rupien, um genau zu sein", sage ich, während die Nanni zum Stehen kommt und ich mich zu Jolie umdrehe. Sie holt achtzig Rupien aus ihrer Handtasche und streckt sie mir mit den Worten „Behalt den Rest, mein Lieber" entgegen.

Bevor Jolie aussteigt, setzt sie ihre Sonnenbrille auf.

Die Abendsonne steht tatsächlich sehr tief heute.

„Nanni", sagt sie ganz leise und verschwindet nach ein paar Metern in der Menschenmenge.

◆

SCANN MICH MIT DER APP!

Du kannst die Vergangenheit nicht aufessen, aber loslassen

I ch beobachte meinen Chai, den ich auf der Ablage meiner Nanni abgestellt habe. Aus dem dunkelbraunen Becher mit den kleinen Rillen steigt leichter Dampf.

Der Chai ist auf jeden Fall zu heiß. Er muss noch ein wenig abkühlen …

Auf der Oberfläche des Chais zeichnen sich in regelmäßigen Abständen kleine Wellen ab, die in der Mitte anfangen und dann zum Rand des Bechers hin auslaufen.

„Boomm" …

Wieder entstehen Wellen. „Boomm … Boommm … Boommm."
Die Oberfläche meines Chais verwandelt sich zunehmend in ein kleines Wellenbad. So stark dröhnt der Bass des Dancing Monk, der größten Diskothek in ganz Neu-Delhi.

Ich stehe neben dem riesigen Gebäude, in dem etwa fünftausend meist junge Menschen gerade ekstatisch feiern. Die alte Fahrrad-fabrik ist Anfang der 2000er-Jahre zu einem modernen Club umgebaut worden und jeder Freitag steht unter dem Motto „Bollywood war gestern" – einer Art stillem Protest, der daraus besteht, den romantisch-seichten Bollywood-Klassikern mit Elektrobeats und viel Bass den Kampf anzusagen. Seitdem die jungen Leute in Indien mit dem Internet aufwachsen und immer häufiger europäische und amerikanische Musik konsumieren, ist eine Art Schamgefühl hinsichtlich der traditionellen indischen Musik entstanden.

Ich nehme meinen Chai unter die Lupe. Ich sehe noch genauer hin … und als ich keinen Dampf mehr erkennen kann, nehme ich ihn in die Hand, puste vorsichtshalber noch mal auf die Ober-fläche und erzeuge so meine ganz eigenen Wellen … dann trinke ich einen kräftigen Schluck.

Ich steige aus meiner Rikscha, grüße den Rikscha-Fahrer, der vor mir in der Reihe steht, und jenen, der hinter mir wartet. Wenn ich schätzen müsste, stehen mit Sicherheit etwa dreihundert Rikschas vor der Disko und warten darauf, die meist alkoholisier-ten jungen Menschen sicher nach Hause zu bringen. In regel-mäßigen Abständen fährt die erste Rikscha los, was von oben betrachtet vermutlich so aussieht, als wenn sich der Kopf einer langen schwarzen Schlange ablöst.

Bis meine Nanni und ich den Kopf bilden, werden noch eine Menge Lieder im Dancing Monk gespielt, denke ich mit Blick auf die vielen Rikschas, die vor mir warten und fairerweise von den Gästen als Erstes angesteuert werden.

Ich laufe einige Meter in eine kleine Gasse und leere mit einem letzten großen Schluck den Chai. Ich zerdrücke den Becher und will ihn schon auf die Straße zu all den anderen Bechern schmeißen, überlege es mir dann aber anders und behalte ihn beim Weitergehen in der Hand.

„Klack", ein dumpfes metallenes Geräusch lässt mich aufhorchen. Ich schaue nach links und rechts, kann jedoch nicht feststellen, aus welcher Richtung das Geräusch kommt. Ich balle meine Faust fester zusammen, sodass der Becher nun fast vollständig in meiner Hand verschwindet. Zu viele Berichte habe ich in letzter Zeit von Angriffen auf Rikscha-Fahrer gelesen. Manchmal sind es verzweifelte Drogenabhängige, manchmal ganze Gangs, die daraus ein Geschäftsmodell entwickelt haben.

„Wieso, Rasul, ist das Leben so ungerecht?"

„Klack … Klack …" und wieder „Klack" – nun weiß ich zumindest, aus welcher Richtung das Geräusch kommt. Ich gehe vorsichtig ein paar Meter die Gasse entlang, die Faust immer noch geballt. Vielleicht wäre es schlauer, zu meiner Nanni zurückzukehren und das „Klack" einfach „Klack" sein zu lassen, aber meine Neugier ist zu groß.

„Klack"… das bisher lauteste Klack lässt mich kurz zusammenzucken, ohne dass ich jedoch stehen bleibe.

Ich schaue um die Ecke und sehe die Silhouette einer männlichen Gestalt, die vor einem Auto steht. Der Arm des Mannes schnellt nach vorne in Richtung der Autotür. Ich bin nun schon nahe genug, um zu sehen, dass er einen Schlüssel in der Hand hält.

Der Schlüssel nähert sich dem Türschloss, um es dann in letzter
Sekunde zu verfehlen … Er knallt gegen die Metalltür des Wagens:
Klack.

Meine Faust entspannt sich wieder und ich gehe auf den Mann zu.

„Alles okay?", frage ich etwas zögerlich.

Der junge Mann schaut zu mir herüber. Er hat einen gepflegten
Dreitagebart und sehr kleine Augen. Vielleicht sind die Augen
auch nur in diesem Moment so klein, denn sein müder Blick
und sein wackeliger Stand lassen darauf schließen, dass er stark
angetrunken ist.

„Natürlich ist alles okay!!", lallt er zurück und schaut mich dabei
so grimmig an, als sei ich dafür verantwortlich, dass er seit
achtundzwanzig Versuchen das Schloss nicht trifft.

„Ich habe ja nur gefragt …", antworte ich und frage noch mal,
„… kann ich dir irgendwie helfen?"

Sein Blick wandelt sich von grimmig zu leicht verwundert:
„Irgendwie passt der Schlüssel nicht mehr so richtig …"

Ich gehe noch ein paar Schritte auf ihn zu, strecke die Hand aus
und gebe ihm mit einem Blick auf den Schlüssel zu verstehen,
dass er mir den Schlüssel geben soll. Der junge Mann setzt seinen
linken Fuß etwas unbeholfen zur Seite und findet so, zumindest
für den Moment, sein Gleichgewicht wieder. Er schaut mir tief in
die Augen … also er versucht es zumindest. Das fällt ihm allerdings nicht so leicht, da sein rechtes Auge etwas zuckt und immer
wieder zufällt. Nach einigen Augenblicken – ich weiß nicht, was
er währenddessen dachte oder ob er überhaupt etwas gedacht
hat – reicht er mir den Autoschlüssel.

Ich stecke den Schlüssel ohne Probleme innerhalb einer gefühlten
Millisekunde ins Schloss, drehe mich zu ihm um und nehme seine

Fahne wahr, die mir ohne Gnade ins Gesicht weht. Ohne zu zögern ziehe ich den Schlüssel mit den Worten „… passt wirklich nicht" wieder aus dem Schloss.

„Siehst du! Was habe ich dir gesagt?! Als ob ich zu doof dafür wäre …!", sagt er mir eindeutig zu laut ins Gesicht. Wieder dringt der Geruch von Alkohol in meine Nase.

Ich lasse den Schlüssel unbemerkt in meiner Hosentasche verschwinden, während ich nicke und ihm zu verstehen gebe, dass er natürlich absolut recht hat.

„Ich bin Rahul", sage ich und strecke ihm die nun wieder leere Hand entgegen.

Er nimmt sie mit den Worten „… freut mich, Rasul. Ich heiße Khannan" und drückt dabei meine Hand so fest, dass es fast schon wehtut.

„Rahul. Ich heiße Rahul", versuche ich ihn zu korrigieren, doch er fällt mir ins Wort: „… wie dem auch sei, Rasul. Ich kapiere die Schlüsselindustrie einfach nicht! Wieso stellt man Schlüssel her, die nachts nicht ins Schloss passen?!"

„Ähhhhh ja", ist alles, was ich auf diesen geistreichen Satz entgegnen kann. „Wo musst du denn hin?", schiebe ich noch schnell hinterher.

„Erstens: Ich muss nirgendwo hin, mein Freund. Zweitens: Wenn du meinst, wo ich jetzt *hinmöchte*, dann würde ich dir sagen, dass ich nach Hause möchte. Und wenn du mich dann fragen würdest, wo mein Zuhause ist, dannnnn würde ich sagen: in der Grand Fort Street 18", antwortet Khannan in einem leicht belehrenden und lallenden Ton, was zusammengenommen fast so klingt, als ob er singen würde.

„Ähhhhh ja", sage ich wortgewandt wie eh und je. „Meine

Rikscha steht direkt am Ende der Gasse", sage ich und zeige in Richtung der Hauptstraße.

„Ahhh, du willst, dass ich dir Geld gebe, du raffinierter Fuchs!", sagt er und hebt dabei den Zeigefinger, was wahrscheinlich drohend aussehen soll, aber mich durch seine wackelige Haltung eher etwas schmunzeln lässt.

„Nein, nein … ich muss ohnehin zur Grand Station fahren und komme an der Grand Fort Street vorbei. Du kannst einfach mitfahren und dort aussteigen", flunkere ich ihn an und laufe in Richtung der Rikschas los.

Khannan kommt mit und senkt erst nach ein paar Metern den Zeigefinger. Bei meiner Nanni angekommen, sehe ich, dass sich vor ihr eine Lücke gebildet hat. Der Fahrer der Rikscha hinter mir schreit wütend von seinem Fahrersitz: „Junge, was ist los mit dir?! Du kennst doch die Spielregeln!"

Ich falte die Hände und senke den Kopf, um ihm zu verstehen zu geben, dass es mir leidtut.

Der Film in ihm wurde in seiner Jugend gedreht, aber genau jetzt findet in seinem Herzen eine Vorführung statt.

„Soll ich das regeln?!", fragt mich Khannan und reckt dabei seine Fäuste; allerdings wankt er dabei wie ein Boxer, der kurz davorsteht, endgültig K. O. zu gehen.

„… ist okay. Komm, steig ein und lass uns hier schnell verschwinden …", sage ich, steige selbst ein und starte den Motor.

„Rassssuuul?", fragt mich Khannan in seiner immer noch zu lauten Stimme.

Ich überlege kurz, ob ich ihn korrigieren soll, aber er nimmt mir die Entscheidung ab, indem er schon weiterspricht: „… wieso, Rasul, ist das Leben so ungerecht?"

Ich lege den kleinen Schalter unter dem Lenkrad um und die Nanni erstrahlt in einem warmen gelben Licht. Ich drehe an dem kleinen Rädchen daneben und dimme das Licht ein wenig, damit sich Khannan nicht geblendet fühlt.

Ich kenne diese Art von Gesprächen sehr gut. Betrunkene Menschen sprechen in meiner Rikscha oft die Wahrheit, was vielleicht der einzige Vorteil an dieser Droge ist. Sie bringt Menschen nicht nur dazu, zu ihren Gefühlen zu stehen, sondern auch dazu, über sie zu sprechen.

Ich sehe im Rückspiegel das gelb beleuchtete Gesicht von Khannan und kann erkennen, wie er leicht die Nase rümpft.

„Ach Rasul … wenn du wüsstest, was mir alles passiert ist! Ich habe im Leben nie eine faire Chance bekommen! Als Kind wurde ich geschlagen und in der Schule gemobbt! … Und jetzt komm mir nicht mit irgendwelchen Floskeln, dass das doch alles nicht so schlimm sei!"

Ich war tatsächlich kurz versucht, genau das zu sagen. Natürlich war das schlimm, aber ist es *jetzt* schlimm? Ist es genau jetzt, um 1:26 Uhr mitten in einer warmen Nacht in Delhi, in meiner Nanni, auf der Hareshna Road, Ecke Urdu-Platz schlimm?

Für Khannan auf jeden Fall. Denn der Film, der in ihm spielt, wurde zwar in seiner Kindheit und Jugend gedreht, aber anscheinend findet genau jetzt in seinem Kopf und in seinem Herzen wieder eine Vorführung statt.

„Das tut mir leid. Das tut mir wirklich leid…", hebe ich an, doch bevor ich meine Gedanken weiter ausführen kann, fällt er mir wieder ins Wort.

„Jaaaa, leid tut das vielen Menschen… aber was bringt mir das? Ihr müsst damit ja nicht leben."

Und auch da hat er recht. Wir müssen damit nicht leben.

Aber müssen Mütter, die ihr Kind in den Armen halten, mit dem Schmerz der Geburt leben? Müssen Kinder, wenn sie laufen lernen, mit der Enttäuschung des hundertfachen Hinfallens leben? Muss der glückliche Ehemann mit dem Liebeskummer, den er zuvor unzählige Male gefühlt hat, leben? Ja, das müssen sie alle. Doch die Frage ist nicht, *ob* sie damit leben, sondern *wie* sie damit leben.

Wir kommen an einer roten Ampel zum Stehen, an der einige Leute die Straße schnellen Schrittes überqueren. Das ist um diese Zeit nichts Ungewöhnliches, denn Delhi gehört zu jenen Städten, die niemals schlafen. Unter ihnen ist eine Frau, die auf dem Kopf einen großen Korb trägt, der bis zum Rand mit Ananas gefüllt ist. Ohne aus der Balance zu geraten, kommt sie auf der anderen Straßenseite an, stellt den Korb kurz ab und atmet tief durch. Die Hände hat sie dabei in die Hüften gestemmt, aber schon im nächsten Moment schüttelt sie diese aus, bevor sie den Korb wieder auf ihren Kopf hebt und weiterläuft.

„Die Last der Vergangenheit…", sage ich bewusst leise, um zu schauen, ob Khannan mir noch zuhört.

Die Frage erübrigt sich recht schnell, denn von hinten erreicht mich ein lautes und zugleich undeutliches „Waass?!".

„Hast du gerade die Frau gesehen?", frage ich ihn.

„Die mit den Ananan… Ananaan… Ansanaa… die mit dem Obstkorb?"

„Genau die. Weißt du, Khannan, genau so verhalten wir uns oft in Bezug auf die Vergangenheit!", teile ich meine Gedanken mit ihm.

„Wir essen sie auf?!", fragt er mich.

Ich würde am liebsten laut loslachen, unterdrücke dieses Gefühl aber, da ich mir sicher bin, dass er diese Frage ernst gemeint hat.

„Ja … also … nicht direkt", stottere ich ein wenig, „… aber wir haben auch so einen Korb und mit dem laufen wir durchs Leben. Und alles, was uns in der Vergangenheit passiert ist, jedes Ereignis, das zu einer Last geworden ist … packen wir in diesen Korb."

„… so wie eine Ananan … Ananas?", fragt er, woraufhin ich breit grinse, da ich gleichermaßen überrascht und froh bin, dass Khannan mich versteht.

Fast jeder hat im Leben eine Menge durchgemacht. Ohne Trauer können wir keine Freude verspüren.

„Ja, genau! Ananas für Ananas packen wir in unsere Körbe. Wir werden enttäuscht … zack, landet eine Ananas in unserem Korb. Unser Herz wird gebrochen … uuuund die nächste Ananas wird in den Korb gepackt. Wir sind schlecht behandelt worden …"

„… und noch eine Ananas rein!", ergänzt Khannan.

„Ganz genau! Und irgendwann merken wir gar nicht mehr, wie schwer der Korb eigentlich geworden ist", sage ich und fahre fort: „… wäre es nicht einfacher, diesen Korb einfach abzustellen und hinter uns zu lassen?"

„… und die vielen leckeren Ananas einfach stehen lassen?! Du bist wohl verrückt!", schreit er mich geradezu an, als ob er eine intime Beziehung zu unseren imaginären Ananas hätte.

Aber sein Argument ist gut! Verdammt … wie kann ich ihm jetzt erklären, was ich eigentlich meine?

„Okay, Khannan, stell dir vor, du hättest Lust auf Ananassaft … würde es dann nicht viel mehr Sinn ergeben, den Korb abzustellen, den Saft aus den Ananas zu pressen, den Korb mitsamt den nutzlosen, schweren Schalen und Resten zurückzulassen und befreit weiterzugehen, während du den Ananassaft schlürfst?"

Nach diesem Satz muss ich erst mal Luft holen. Ich glaube aber, die Botschaft kommt an, denn Khannan wirkt sehr nachdenklich. Oder liegt es doch eher daran, dass er etwas braucht, um meinen langen Satz zu rekonstruieren?

Da ich mir nicht sicher bin, setze ich noch mal nach, um zu sehen, ob er verstanden hat, was ich meine: „… und genau so ist es doch auch bei uns. Klar haben wir hin und wieder eine Ananas, also etwas Beschwerliches, das uns auf unserem Weg begegnet. Und oft sind wir geneigt, sie einfach in unseren Korb zu tun und so die Last auf unseren Schultern schwerer und schwerer werden zu lassen.

Stattdessen sollten wir sie aufheben und den Saft auspressen. Der Saft, das ist in diesem Falle die Lehre oder die Essenz, die ein Ereignis oder eine Begegnung birgt. Und wenn wir dann den Saft auf unserem weiteren Weg trinken, genießen wir ihn umso mehr."

Khannan schaut mich mit müdem Blick an, überlegt kurz und sagt dann: „Ich glaube, ich weiß, was du meinst … Aber vor allem habe ich jetzt Lust auf Ananassaft bekommen!"

Ich fahre ein wenig langsamer, um einen Blick auf die Straßenstände zu werfen, die zu jeder Uhrzeit die unterschiedlichsten Getränke und Speisen anbieten. Dosas … Chai … Erdnüsse … Maiskolben … Ananas!

Was kann ich schon alleine tun? …
Das fragt sich die halbe Menschheit.

Ich halte an und rufe dem jungen Mann, der mit freiem Oberkörper und einem grünen Tuch um die Hüften vor seinem Ananasstand steht, aus meiner Rikscha zu: „Zwei Becher Ananassaft bitte, Sir."
Er presst den Saft aus vier ganzen Ananas aus, füllt ihn in zwei durchsichtige Becher, steckt in jeden einen gelben Strohhalm und bringt sie uns zur Rikscha.
Noch bevor er etwas sagen kann, rufe ich ihm entgegen: „Lassen Sie mich raten … der Saft ist gratis und wir zahlen nur für das Lebensgefühl, das wir durch den Genuss gleich erleben werden!" … … …
Es ist wieder einer dieser peinlichen Momente, die ich vor allem bei Nachtschichten habe, wenn ich schon etwas zu lange unterwegs bin. Ich meine, wie soll mich dieser Mann verstehen?!
Er schaut erst verwirrt und meint dann trocken: „Das macht 38 Rupien."
Mit einem leichten Nicken gebe ich ihm 40 Rupien und fahre weiter.
Khannan schlürft genüsslich seinen Saft. Noch bevor ich wieder

richtig beschleunigt habe, höre ich, dass er den leeren Becher aus der Rikscha schmeißt.

Ich schaue kurz über meine rechte Schulter und halte dann am Straßenrand an.

„Du hebst jetzt den Becher auf, Khannan", sage ich in ruhigem, aber sehr bestimmten Ton und schaue ihn dabei entschlossen an.

„Heb ihn doch selbst auf!", ruft er nicht weniger entschlossen zurück und fährt fort: „… hier liegt überall Plastikmüll rum. Was macht da ein Becher mehr oder weniger für einen Unterschied?!"

„Was kann ich schon alleine tun?", frage ich ihn und warte einige Sekunden, bevor ich fortfahre, „… das fragt sich die halbe Menschheit!"

Lass los. Verzeihe anderen Menschen.
Nicht, damit es ihnen besser geht, sondern
damit es dir besser geht.

Ich steige aus und laufe einige Meter zurück, bevor ich den Becher auf der Straße liegen sehe. Ich schaue nach links und nach rechts und gehe dann schnell auf die Straße, um ihn aufzuheben. Auf dem Weg zurück zur Nanni werfe ich den Becher in einen Mülleimer am Straßenrand.

Wortlos fahren wir einige Minuten weiter, bis wir auf einer langen Brücke den Yamuna überqueren.

Um ehrlich zu sein, ist er ganz schön verschmutzt und entspricht nicht gerade dem, was man sich von einem Stück Natur erhofft. Und dennoch lieben die Einwohner von Delhi den Yamuna.

Als Kinder haben meine Brüder und ich meine Eltern oft angebettelt, mit uns zum Fluss zu gehen. Da der Yamuna ziemlich weit von uns entfernt lag, hätten wir den Weg allein nicht gefunden. Hin und wieder ist dann mein Großvater mitgekommen und das waren großartige Nachmittage. Meine Brüder und ich blieben stundenlang im Wasser, versuchten, uns ein Floß zu bauen, veranstalteten Wasserschlachten …

„Dir ging es immer gut, Rasul!", ruft Khannan, als würde er ahnen, dass ich gerade an etwas Schönes von früher gedacht habe. „Aber die Dinge, die in meinem Leben passiert sind … die wünsche ich niemandem!", er hat dabei einen sehr traurigen Unterton.

Ich überlege, ob ich ihm sagen soll, dass fast jeder Mensch im Leben eine Menge durchmacht. Ob ich ihm vom Slum erzählen soll und den Mühen, die es mich gekostet hat, Rikscha-Fahrer zu werden. Dann überlege ich, ihm zu sagen, dass wir ohne Trauer keine Freude spüren können. Oder dass genau jetzt Millionen von Menschen in Indien ihr Leben gegen seins tauschen würden …

ich sage aber nichts von alledem.

Sondern ich denke an den Tag, an dem mein Großvater starb.

Es war wohl der traurigste Tag meines Lebens. Am Vorabend hatten er und ich noch ein Feuer gemacht und für die ganze Familie Fisch gegrillt. Er war irgendwie langsamer als sonst, ließ beim Holzsammeln ein paar Äste fallen, und es schmerzt mich noch heute, wenn ich daran denke, dass ich es bloß eilig hatte und leicht ungeduldig rief: „Kommst du, Daadaa?"

Am nächsten Morgen schlug mein Großvater die Augen nicht mehr auf. Er war friedlich eingeschlafen, diesmal für immer.

Ich konnte es nicht glauben. Ich wollte es nicht glauben. Immer wieder rüttelte ich an seinen Schultern, damit er endlich aufwachte. Sanft versuchten mich meine Eltern zu beruhigen, doch ich klammerte mich an meinen Großvater. Ich weinte und schrie und trommelte mit den Fäusten gegen meinen Vater, als der mich schließlich von ihm wegzog.

Wochenlang war ich in meiner Trauer gefangen. Ich bekam kaum etwas von den Dingen um mich herum mit. Bis mir eines Tages mein Onkel eine Geschichte erzählte und ich langsam meine Trauer loslassen konnte.

An diese Geschichte muss ich hin und wieder noch denken.

Wortlos halte ich an und parke meine Rikscha unerlaubterweise auf dem Bürgersteig der Brücke. Es ist die gleiche Brücke, auf der mir damals der alte Mann gesagt hat, dass wir in jeder Situation drei Möglichkeiten haben: akzeptieren, verändern oder verlassen. Schon interessant, denke ich mit einem inneren Schmunzeln, dass Brücken ein guter Ort zu sein scheinen, um einen guten Rat mit einem anderen Mensch zu teilen.

„Komm, Khannan, wir schauen uns den Yamuna an. Ich möchte dir eine Geschichte erzählen", sage ich.

Ich steige aus und sehe aus den Augenwinkeln, dass er keine Sekunde zögert, mir zu folgen, allerdings muss er sich ein wenig am Rahmen der Nanni abstützen, als er sich aufrichtet. Ich lehne mich ans Geländer der Brücke und schaue auf den Fluss. Kurz darauf stellt sich Khannan neben mich und blickt ebenfalls auf den Fluss, der unter uns rauscht.

„1400 Kilometer …", sage ich leise.

„Was?"

„1400 Kilometer. So lang ist der Fluss."

„… und das wolltest du mir hier erzählen?", fragt er ungeduldig.

Ich lächele kurz und beginne dann zu erzählen. „Immer wenn ich den Yamuna überquere, kommt mir die Geschichte mit den zwei Mönchen in den Sinn."

„Den zwei Mönchen …?", fragt mich Khannan diesmal neugierig.

„Ja … es waren einmal zwei Mönche, die den Yamuna überqueren wollten. Sie kamen an sein Ufer, wo eine verzweifelte Frau stand, die es aus eigenen Kräften nicht schaffte, den Fluss zu überqueren. Da nahm einer der beiden Mönche die Frau auf seine Schultern und überquerte mit ihr den Fluss, während der andere alleine hinüberging. Auf der anderen Seite setzte der erste Mönch die Frau behutsam ab und verabschiedete sich von ihr. Die Mönche liefen einige Stunden schweigend nebeneinander her, bis der zweite Mönch plötzlich erregt herausplatzte: ‚Wir haben einen Eid abgelegt! Wir haben geschworen, dass wir nie in unserem Leben eine Frau anfassen!'

Der erste Mönch lief wortlos einige Meter weiter, bevor er stehen blieb, den verärgerten Mönch anschaute und ruhig sprach: ‚Ich habe diese Frau vor einigen Stunden losgelassen. Aber du trägst sie noch immer mit dir herum.'"

Khannan schweigt und ich lasse ihn mit seinen Gedanken alleine.

„… ja … manche Dinge muss man eben loslassen … und am liebsten würde ich dem verärgerten Mönch noch ein wenig Ananassaft anbieten!", sage ich vor mich hin.

Nach einigen Sekunden der Stille lachen wir beide laut los. Immer noch lächelnd steigen wir wieder in die Rikscha und fahren weiter. Ich leere mit einem großen letzten Schluck meinen Becher und stelle ihn auf die Ablage vor mir. Ich drehe das Radio auf und aus den alten Boxen dringt ein viel zu lautes „NAMEL NINNE WENOM!!!", der Soundtrack des Bollywood-Films *Khabi gushi* mit Shah Rukh Khan.

Schnell pegele ich die Lautstärke herunter, wobei die laute
Musik Khannan nichts auszumachen scheint. Kein Wunder:
Seine Ohren haben in den letzten Stunden die wummernden
Bässe und die viel zu laute Elektromusik im Dancing Monk
überlebt.

Ich singe den Refrain laut mit: „Nameeel ninneeee
wenommmm!"...

„Wow! Du schlings... sching... äh... singst echt gut", staunt
Khannan, der anscheinend mal wieder mit seiner Zunge ringt.

„Vielen Dank... ich bin ja auch der beste Sänger... egal...
danke dir!", antworte ich ein wenig stolz.

Ich meine zu hören, dass er anschließend ganz leise versucht,
in den Refrain mit einzustimmen.

„Magst du den Film?", fragt mich Khannan dann.

„Ganz ehrlich, Khannan? Ich mag Shah Rukh Khan wirklich
gerne. Aber den Film fand ich furchtbar! Absolut schrecklich!...
und deswegen schaue ich ihn mir morgen wieder an", sage ich.

„Was?? Du schaust ihn dir wieder an, obwohl du ihn so furchtbar
findest?!", fragt Khannan total erstaunt.

„Ja! Und übermorgen wollte ich ihn mir noch mal anschauen!
Wahrscheinlich schaue ich ihn mir jetzt jeden Tag an, Khannan."

Ich kann mein Grinsen nicht verbergen und auch Khannan muss
bei meiner nicht wirklich logischen Antwort schmunzeln. Sein
Blick verrät mir aber, dass er nicht versteht, worauf ich hinauswill.

„So wie mich gibt es viele Menschen, die *Khabi gushi* nicht
mögen. Es gibt sogar Millionen Menschen, die einen ganz
bestimmten Film nicht mögen: einen Film, der in ihrer Vergangenheit spielt. Einen Film aus der schmerzhaften Kindheit.
Einen Film aus der irritierenden Jugend. Einen Film voller

Liebeskummer. Einen Film voller Wut und Hass. Einen Film voller Trauer und Schmerz.

Und dennoch gehen sie jeden Tag ins Kino, machen es sich in den weichen Sitzen bequem und schauen sich, mit einer Hand in der Popcorntüte, diesen Film an.

Klar: Danach sind sie aufgewühlt, traurig, manche sind sauer, andere wiederum enttäuscht ... und doch trifft man sie am nächsten Tag im gleichen Sessel wieder."

> *Das Leben war in manchen Momenten*
> *nicht schön. Aber du hast diesen Momenten*
> *eine Bedeutung gegeben.*

Ich schaue Khannan im Rückspiegel in die Augen. Eine Gesichtshälfte ist gelb beleuchtet, sodass sein Gesicht aussieht wie der Halbmond, der tatsächlich über uns leuchtet. Ich glaube, nein ... ich weiß, dass er mich versteht.

„Aber ... aber was sind die Alternativen?", fragt er mich sehr leise, aber noch laut genug, dass ich ihn verstehen kann.

„Was sind die Alternativen im echten Leben? Du würdest doch einen anderen Film wählen, oder nicht? Vielleicht einen lustigen Film oder einen Film mit Happy End ... du wüsstest zumindest, dass dieser eine Film dir nicht guttut ...", sage ich.

„So wie wir nie den Schmerz vergessen, den wir spüren, wenn wir zum ersten Mal auf eine heiße Herdplatte fassen ...", ergänzt Khannan, bevor ein Schluckauf ihn am Weitersprechen hindert.

„Ja genau. Wobei es sogar noch einen kleinen Unterschied

zwischen der heißen Herdplatte und dem traurigen Film gibt.
Die heiße Herdplatte ist real. Sie gibt es wirklich. Wenn sich ein
Hund draufsetzen würde, wäre er nicht erfreut darüber, da bekäme
der Ausdruck ‚Hot Dog' eine völlig neue Bedeutung", scherze ich.
Khannan lacht nur halbherzig mit, denn in seinem Kopf scheint
es kräftig zu arbeiten.

Auch etwas, das lächerlich klein aussehen
mag, kann zu einer großen Last werden,
wenn du es nicht loslässt.

Ich finde ohnehin, dass sich Khannan, der wirklich ganz schön
viel getrunken zu haben scheint, bei diesen nicht ganz unkompli-
zierten Themen ziemlich wacker schlägt.
Also setze ich noch mal nach: „… aber der traurige Film in unserem Kopf … den haben wir selbst kreiert. And the Oscar for Best
Drehbuch goes tooooo …. Khannan!!!"
Durch Khannan geht ein Ruck und er fragt mich lachend:
„Und … und warum sollte ich einen Oscar kriegen?"
Ich senke die Stimme ein wenig und sage: „Das Leben war in
manchen Momenten bestimmt nicht schön. Aber diesen Momenten eine Bedeutung zu geben … das hast du getan.
Du wurdest geschlagen. Welche Bedeutung hast du daraus abge-
leitet? Dass du es nicht wert bist, geliebt zu werden? Du wurdest
gemobbt. Was war für dich die Bedeutung? Dass du es nicht
verdient hast, gut behandelt zu werden? Dass du ein Versager bist?
All das war deine Interpretation. Du hast diesen Film geschrieben,

Khannan! Du hast ein Problem anderer Menschen zu deinem Problem werden lassen."

Ich habe nicht gemerkt, dass meine Stimme immer lauter geworden ist und auch nicht, dass Khannan ein paar Tränen übers Gesicht laufen. Sein leises Schluchzen verrät ihn.

Ich weiß, dass es besser ist, ihn ein paar Momente in Ruhe zu lassen, und wir fahren schweigend weiter. Ein zarter Duft von Jasminblüten weht von den Bäumen draußen in die Nanni.

Als sich unsere Augen im Rückspiegel treffen, sehe ich, dass Khannans Augen zwar mit Tränen gefüllt sind, aber ich sehe darin auch Entschlossenheit. Es ist diese Entschlossenheit, die sich von Hoffnung nährt und die den Weg zur Lösung noch nicht kennt, aber weiß, dass der Weg dadurch entsteht, dass man ihn geht.

Sanft spreche ich weiter: „Lass los. Verzeihe. Verzeihe anderen Menschen. Nicht damit es ihnen besser geht, sondern damit es dir besser geht!"

Dass das schwer ist, weiß ich aus eigener Erfahrung. Als mein Großvater gestorben war, musste ich zwar niemandem verzeihen, aber das Loslassen … seiner Gegenwart … und der vielen schönen Ausflüge, auf die ich damals meinte, ein Recht zu haben, fiel mir so verdammt schwer.

Wir biegen noch ein letztes Mal ab und sind dann in der Grand Fort Street. Ich fahre ganz langsam, ohne viel Gas zu geben, da ich einige Menschen sehe, die auf Pappkartonresten am Straßenrand schlafen.

An der Hausnummer 18 halte ich an und greife nach meinem leeren Becher, der immer noch auf der Ablage liegt. Ich drehe mich zu Khannan um und gebe ihm den leeren Becher.

„Das finde ich jetzt merkwürdig …“, sagt er, während er brav den Becher entgegennimmt.

„Ja, stimmt … aber halte den Becher mal mit ausgestrecktem Arm in die Luft.“

Khannan, von spielerischem Ehrgeiz gepackt, streckt den Arm aus der Nanni heraus, den Becher sicher in der Hand haltend.

„Hast du echt nichts Schwereres für mich?!“, lacht er. „… Wie lange soll ich das machen? Ein paar Tage?“

„Halt einfach“, sage ich.

Es vergehen Minuten, in denen Khannan lacht, sich mit der anderen Hand an seinem Dreitagebart kratzt und dann … nach und nach einen angestrengten Blick bekommt.

Nach etwa fünf Minuten, die sich wie Stunden anfühlen, fängt sein Arm zu zittern an und nur wenige Minuten darauf senkt er ihn ganz und lässt den Becher fallen.

„Wie lange wolltest du das machen? Ein paar Tage?“, frage ihn lachend.

Er schnauft kurz durch und sagt dann ebenfalls grinsend: „… da habe ich mich wohl etwas überschätzt!“

„Nein“, antworte ich, „… du hast etwas anderes unterschätzt. Du hast unterschätzt, dass etwas, egal wie lächerlich klein es aussehen mag, so wie dieser Becher, zu einer großen Last werden kann, wenn du es nicht loslässt. Das kann ein Gedanke sein, den du nicht loslässt. Das kann ein Mensch sein, den du nicht loslässt. Das kann …“

„… eine Ananas sein, die ich nicht loslasse?“, ergänzt Khannan, woraufhin wir beide wieder anfangen zu lachen.

„… und ich kann dir nichts geben für die Fahrt?“, fragt er mich, während er aussteigt.

„Die Fahrt wäre eh gratis gewesen, mein Lieber. Du hättest ohnehin nur für das Lebensgefühl bezahlt!"

„Na, dann wäre es ja so oder so günstig für mich geworden", scherzt er und reicht mir die Hand.

Während wir uns die Hände schütteln, greife ich mit meiner anderen Hand in meine Hosentasche und gebe ihm seinen Autoschlüssel mit den Worten: „Pass bitte auf dich auf."

Khannan geht ein paar wackelige Schritte auf seine Haustür zu. Dann kommt er noch mal zu mir zurück und sagt: „Das werde ich, Rasul. Das werde ich" und drückt mir dabei einen Hundert-Rupien-Schein in die Hand.

„Ich heiße …", dann schüttle ich bloß grinsend den Kopf und fahre zurück auf die Hauptstraße.

◆

SCANN MICH MIT DER APP!

Wie wir jeden Tag im Lotto gewinnen

O hhh, der weise Rahul beehrt uns wieder mit seiner Anwesenheit", ruft mir Santosh schon zu, als ich noch dabei bin, die Nanni vor dem Restaurant zu parken. Erst will ich etwas Schlagfertiges zurückrufen, bin dann aber irgendwie doch zu faul dafür und verneige mich stattdessen majestätisch. Ich laufe auf ihn zu und wir umarmen uns. Das machen wir in Indien eigentlich immer. Umarmen, drücken, die Männer halten hier manchmal sogar freundschaftlich Händchen. Okay, wir sind da schon sehr eigen.

Letztens habe ich ein Video über Europa gesehen, in dem sich Freunde mit einem Meter Sicherheitsabstand bloß die Hände geschüttelt haben. Dass sie sich nicht herzlich umarmt haben … das geht nicht in meinen Kopf.

Ich meine, als Kind braucht man diesen Sicherheitsabstand ja auch nicht. Wir gehen auf den anderen zu, nehmen unseren

Finger in den Mund, drücken ihm diesen Finger dann ins Gesicht… und beide lachen. Ehrlich gesagt würde ich das heute mit den Leuten, die mir begegnen, so nicht machen. Aber ein wenig Nähe tut doch Menschen eigentlich ganz gut.

Santosh und ich setzen uns an einen kleinen Holztisch und Brinti bringt mir meinen Chai. Ich setze das Glas an und gleich wieder ab – doch noch zu heiß.

Ich lebe getreu der Devise:
„Alles hat seinen Sinn."

„Wie geht es dir, Santosh?", frage ich, während ich etwas unbeholfen auf den heißen Tee blase.

„Gut", lautet seine knappe Antwort.

„Warum?", frage ich ihn.

Er schaut mich an und hat diese imaginären Fragezeichen über seinem Kopf schweben. Er guckt so, als ob ich in einer anderen Sprache sprechen würde.

„Wie… warum?", fragt er verwundert.

„Ja, warum? Warum geht es dir gut? Was gibt es daran nicht zu verstehen?", lache ich.

„Du stellst immer sehr ungewöhnliche Fragen", grinst Santosh.

„Mich hat neulich ein kleiner Junge daran erinnert: immer warum zu fragen", sage ich.

„Ja also… mir geht es gut, weil… meine Knieschmerzen von letzter Woche schon fast wieder weg sind… und… ich freue mich, dass ich morgen nach langer Zeit mal wieder mit der gesamten Familie zum Essen verabredet bin. Ja ... ich glaube, deswegen geht es mir gut", berichtet er, und während er davon erzählt, hat er wohl Bilder im Kopf, wie er dort mit allen sitzt und isst. Anders kann ich mir seinen zufriedenen Gesichtsausdruck nicht erklären.

Ich puste noch einmal kräftig auf meinen Chai und nehme den ersten kleinen Schluck. Besonders den Geschmack von frischen Nelken und von Zimt kann ich heute herausschmecken.

Da fällt mein Blick auf den Nachbartisch. Obwohl ich so gut wie nie die Zeitung lese, da ich mir meine Laune ungern durch Katastrophenmeldungen vermiesen lasse, sehe ich die Schlagzeile der *Times of India*: „Indischer Minister erleidet Gedächtnisverlust nach Sturz".

„Schlimm so was ...", sagt Santosh, dessen Blick ebenfalls auf die Zeitung gefallen ist.

„Ja, ist es wirklich", mehr will ich dazu eigentlich nicht sagen, aber dann muss ich doch einen Gedanken mit ihm teilen, der mir vor ein paar Wochen kam, als ich an einer neurologischen Klinik vorbeifuhr.

Ich lebe getreu der Devise „Alles hat seinen Sinn". Nur würden mich manche Menschen am liebsten erwürgen, wenn sie ihr Schicksal vor Augen haben und ich ihnen dann damit komme.

Ich will diese Philosophie aber nicht aufgeben, auch wenn es Zeiten gab, in denen ich selbst diesen Satz verflucht habe.

Der erste Liebeskummer ... der erste Todesfall ... die erste schlimme Krankheit – worin soll da schon der Sinn liegen? In jenen Momenten war ich voller Schmerz und Trauer, Wut und Angst. Ich konnte und wollte keinen Sinn sehen.

Aber irgendwann ... ganz unbemerkt und ohne Anstrengung ...

lernte ich neue Lektionen: *Pass auf dich auf... Manche Menschen haben dich nicht verdient... Lerne „Nein" zu sagen... Nimm dir Zeit für deine Liebsten, bevor die Zeit deine Liebsten nimmt...*

„Weißt du ... ich habe erst vor einer Weile darüber nachgedacht, wie es ist, sein Gedächtnis zu verlieren. Und ich bin mir sicher – es muss schrecklich sein. Vor allem für die Angehörigen. Aber du kennst mich ... ich habe versucht, etwas Positives darin zu sehen", sage ich zu Santosh und trinke wieder einen Schluck Chai.

„Und ...? Hast du bei einem Gedächtnisverlust etwas Positives gefunden?", fragt er mich und klingt nun wirklich interessiert.

„Ich glaube schon, denn für viele besteht das Problem ja nicht darin, wer sie sind, sondern wer sie zu sein glauben."
Santoshs Blick verrät mir, dass ich das näher erklären muss.

„Der schüchterne Mensch ist ja nicht schüchtern geboren, sondern hat irgendwann entschieden, schüchtern zu sein.
Der unkreative Mensch ist ebenfalls nicht unkreativ geboren.
Und auch der Pessimist kam nicht als Pessimist auf die Welt.
Ganz zu schweigen von Leuten, die denken, sie wären nichts wert ... Jeder Mensch hat Dinge erfahren, die wehtaten, und ist dann in eine bestimmte Rolle geschlüpft, um sich künftig vor solchen Schmerzen zu schützen."

„Stimmt! Ich habe zumindest noch nie eine Gruppe unkreativer, pessimistischer Babys gesehen!", lacht Santosh.

„Ich auch nicht. Und diese Schmerzen, die wir alle irgendwann mal gespürt haben, halten uns nicht selten davon ab, die schönsten Dinge im Leben zu erleben ... einfach weil wir nicht mehr aus dieser Rolle rauskönnen", sage ich und fahre fort: „Stell dir doch nur mal vor, du hast vergessen, dass du schwach, ängstlich, schüchtern, traurig oder deprimiert bist. Du hast es einfach vergessen. Du stehst auf und hast all das Negative, das du immer über dich selbst gedacht hast, vergessen. Ich wünsche natürlich niemanden, dass es so kommt, aber vielleicht ist das der eine kleine Funken Sinn an dieser tragischen Sache."

Mein Chai ist leer und ich lege fünf Rupien auf den Tisch, während ich aufstehe: „Ich wünsche dir einen schönen Tag."

„Warum?", fragt Santosh lachend.

„… weil du mir wichtig bist", antworte ich und gehe zur Nanni.

Ich kann nur einen Menschen in diesem Leben verändern, mich selbst.

Sie leuchtet heute in Orange. Es ist einer dieser Tage, die ich alleine auf den Straßen Delhis verbringe. Einer dieser Tage, an denen ich kaum Fahrgäste habe und mit mir allein bin. Ich bin wirklich sehr gerne mit mir allein, vermutlich gerade weil ich sonst immer so gern mit meinen Fahrgästen plaudere.

Aber ich bin nun mal ein sehr harmoniebedürftiger Mensch. Und ich mag das Gefühl nicht, wenn jemand in meiner Nanni sitzt und schlecht gelaunt oder traurig ist. Dabei vergesse ich oft zwei Dinge: Harmonie bedeutet auch, den anderen fühlen zu lassen, was er gerade fühlt. Und wenn das Wut oder Trauer ist, dann ist das in dem Moment eben Wut oder Trauer. Und zweitens bin ich nicht dafür verantwortlich, wie sich ein anderer Mensch gerade fühlt. Wenn jemand in meine Riksha einsteigt und keine gute Laune hat, dann ist das nicht meine Schuld.

Vielleicht ist es dem Egoismus geschuldet, dass wir immer

denken, alles habe seinen Ursprung in uns selbst. Ich weiß noch
genau, dass ich früher versucht habe, andere Menschen zu verän-
dern. Dabei gibt es nur einen einzigen Menschen in diesem
Leben und auf dieser Welt, den ich verändern kann: mich selbst.
Nicht jeder wird mich mögen. Und das hat nichts mit mir zu tun.
Das habe ich irgendwann verstanden.

Ich schaue auf meine Armbanduhr. Es ist bereits Mittag und
langsam beschleicht mich ein leichtes Hungergefühl. Letzte
Woche habe ich von einem neuen Restaurant gelesen, das ganz in
der Nähe eröffnet hat. Ich biege in die Yamuna Street in der Nähe
des Hafens ein. Schon von Weitem sehe ich viele Menschen auf
der Straße um ein kleines Häuschen stehen, in dem sich das
Restaurant befindet. Und tatsächlich – alle Plätze im Restaurant
sind bereits besetzt, sodass die Leute ihr Essen draußen auf Park-
bänken, Treppen oder auf dem Boden genießen. Ich stelle meine
Nanni an einem kleinen Platz für Motorräder ab und laufe auf das
Restaurant zu.

So schön, dass es dich gibt!

The Taj steht in großen roten Leuchtbuchstaben an der Haus-
wand. Ich mag den Namen sofort. Für die Anspielung auf den Taj
Mahal kommen zwei Gründe infrage: Der Besitzer mag die
Geschichte und Bedeutung des Taj Mahal oder aber er will, dass
sich Touristen sofort angesprochen fühlen, was in Indien am
besten mit den Namen Taj Mahal und Mahatma Gandhi funktioniert. Wobei The Gandhi in diesem Fall zugegeben etwas

merkwürdig klingen würde. Aber es soll ja auch so einfallslose Menschen geben, die ihr Restaurant Delhi Food & Drinks nennen, denke ich mir und muss bei dem Gedanken schmunzeln.

„Immer am Grinsen, der Rahul …"

Ich habe nicht bemerkt, dass ich gerade an einer Gruppe junger Frauen vorbeilaufe, die unter einem kleinen Baum sitzen. Vor ihnen stehen Essensboxen und sie essen ganz traditionell mit den Händen. Ich erkenne meine Cousine Swapna, die an den Baum gelehnt auf dem Boden sitzt.

„Diese Grinsebacke ist mein Cousin", sagt sie zu ihren Freundinnen, die mich alle anlächeln. Ich schaue etwas verschämt auf den Boden und hebe die Hand, um in die Runde zu grüßen.

„Was isst du?", frage ich meine Cousine.

„Gebratene Forelle. Du weißt doch, Rahul: Ich liebe Fisch!"

Ich bin kurz davor zu sagen: „Nein, Swapna. Du liebst keinen Fisch. Du liebst das Gefühl, das dir der Fisch gibt, wenn du ihn isst. Das wiederum bedeutet, dass du dich nur selbst liebst. Sonst würdest du nicht wollen, dass der Fisch gefangen und getötet wird. Schließlich sagst du mir ja auch, dass du mich liebst, und ich habe nicht vor, gebraten in dieser kleinen Box zu landen."

Doch das verkneife ich mir und sage nur: „Lass es dir schmecken."

Im Weitergehen muss ich an Steve und an unsere Fahrt zum Taj Mahal denken. Ich hoffe sehr, dass er verstanden hat, dass allein er für sein Glück verantwortlich ist. Doch Steve hat mich auch daran erinnert, dass nichts selbstverständlich ist und wir unsere Beziehung in jedem Augenblick neu kreieren müssen. Ich drehe mich abrupt um, gehe auf Swapna zu, streiche ihr über den Kopf und sage: „So schön, dass es dich gibt."

Sie schaut mich mit großen Augen an, während ihre Freundinnen

anfangen zu kichern. Ich gehe wieder auf das Restaurant zu. Was
Swapna und ihre Freundinnen jetzt wohl denken? Keine Ahnung,
aber das ist auch nicht so wichtig.

Was denken die anderen über mich? Ich glaube, diese Überlegung
hält mehr Leute davon ab, bestimmte Dinge zu tun, als jeder
andere Gedanke. Doch warum sollte der Gedanke eines anderen
für mich wichtiger sein als mein eigener Gedanke? Und wenn ich
mir Swapnas Freundinnen so anschaue, dann bin ich sicher, dass
die eine oder andere denkt: Wie gerne würde ich von einem anderen hören, dass es schön ist, dass es mich gibt. Ob sie das wirklich
denken? Keine Ahnung. Ob es sich gut anfühlt, das zu glauben?
Auf jeden Fall!

Ich gehe ins Restaurant und schaue auf die Bilder der Menüs.
Unbewusst streiche ich mir dabei über den Bauch. Ein Mitarbeiter,
der mich anscheinend beobachtet hat, sagt lachend: „Gut, dass der
Magen sich meldet, wenn er leer ist, im Gegensatz zum Gehirn."
Ich brauche einen kurzen Moment, bis ich den Witz verstehe,
dann muss ich ebenfalls lachen und bestelle ein Dosa. Zwar bietet
das Restaurant viele neuartige Gerichte an, aber bei einem Dosa
weiß ich, was ich habe. Ich kann förmlich Santoshs Stimme
hören, wie sie mir ins Ohr flüstert: „Komm schon, Rahul…
probiere mal etwas Neues", so wie er es oft im Delhi Food &
Drinks zu mir sagt. Und ich antworte ihm in Gedanken genau wie
immer: „Nein, ich mag halt Sachen, die ich kenne. Und man ist
nicht langweilig, wenn man immer wieder das Gleiche bestellt…"
Ich kann in die offene Küche schauen und sehe den Koch, der
mein Dosa zubereitet. Er hackt eine kleine grüne Chilischote
klein, gibt Kurkuma und Curryblätter dazu und zerdrückt Kartoffeln mit einer Gabel. Ich bin wirklich gespannt, wie es schmecken

wird. Als ich dann das Dosa in den Händen halte, schaue ich es beinahe verliebt an und beiße hinein …

„Perfekt! Großartig!", seufze ich zufrieden.

„War wohl eine gute Entscheidung?", fragt mich der Mitarbeiter, sichtlich erfreut über mein Kompliment.

„Oh ja …", sage ich knapp, um schnell wieder hineinzubeißen. Ich muss bei seiner Frage an das Gespräch mit Surya denken. Ich bin ja gern bereit, aus falschen Entscheidungen zu lernen, aber wenn man ein Dosa bestellt, liegt man erfreulicherweise meistens richtig.

„Noch einen Chai, bitte", sage ich mit vollem Mund.

Mein Gegenüber verzeiht mir diese unhöfliche Art des Sprechens, indem er mir ein Lächeln schenkt, sich umdreht und mir einen Chai eingießt.

„Das macht dann fünf oder zehn Rupien", sagt er.

„Fünf oder zehn?", frage ich ungläubig.

„Ja, fünf oder zehn Rupien. Sie entscheiden, Sir."

„Rein gefühlsmäßig und aus wirtschaftlichen Gründen würde ich mich jetzt für die fünf Rupien entscheiden…", setze ich an, da unterbricht mich der Mitarbeiter: „Sir, entschuldigen Sie, ich glaube, Sie haben unsere Tafel am Eingang nicht gesehen."

Ich drehe mich um und sehe dort einen großen Schriftzug: „Zahle 2 – erhalte 1." Was darunter steht, kann ich aus der Entfernung nicht erkennen.

„Sir, Sie zahlen zwei Chai und erhalten einen. Außerhalb des Restaurants steht eine kleine Tafel, auf der wir dann einen Strich machen. Obdachlose und andere Bedürftige können so direkt erkennen, dass ein Chai bereits bezahlt wurde, und sich diesen dann bei uns abholen."

Ich hole einen Zwanzig-Rupien-Schein aus meiner Hemdtasche

und sage: „Eine tolle Idee. Machen Sie doch bitte drei Striche auf die Tafel."

Vergnügt gehe ich mit meinem Chai zurück zur Nanni und überlege, wohin ich als Nächstes fahren soll. Ich beschließe, zum Hauptbahnhof zu fahren. Dort sind vermutlich noch viele andere Rikscha-Fahrer, aber da heute ein großes Cricketspiel der Delhi Roosters stattfindet, gibt es bestimmt genug zu tun.

Optimistisch fahre ich auf die Fifth Street und drehe das Radio etwas lauter. Ich frage mich, ob ich eines Tages im Radio einen Song von Jobin höre, der nicht Anwalt oder Arzt geworden ist, sondern tatsächlich Rockstar …

Neben mir fährt ein Taxi, aus dem das gleiche Lied dringt. Als der Fahrer des Taxis das ebenfalls bemerkt, lacht er mich an und macht ein paar Tanzbewegungen mit den Händen. Ich muss auch lachen und mache mit. Diese paar Meter gehören ihm und mir. Für diese paar Meter geben wir den Takt an, auf diesen paar Metern tanzen wir. Schon an der nächsten Kreuzung trennen sich unsere Wege und jeder tanzt auf seinem Weg weiter.

Die lauten Rufe der Cricketfans am Bahnhof sind schon von Weitem zu hören. Sie mischen sich mit den Hupgeräuschen, die zur Melodie von Delhi gehören. Ich reihe mich in die Schlange der Rikschas ein, schalte den Motor aus und geselle mich zu einigen Rikscha-Fahrern, die im Kreis um einen kleinen Wagen stehen, in dem frische Maiskolben gegrillt werden. Ich nicke in die Runde und ein paar von ihnen nicken zurück, während andere ganz ins Gespräch vertieft sind.

Ich kenne keinen der anderen Fahrer, aber das macht nichts. Ich mag sie. Warum? Weil Menschen immer Menschen mögen, die so sind wie sie selbst oder die so sind, wie sie sein möchten.

Deswegen mögen Menschen, die gerne lästern, auch Menschen, die gerne lästern. Und deswegen mögen Menschen, die gerne Bienen beobachten, auch Menschen, die gerne Bienen beobachten. Und ich mag diese Jungs. Weil ich weiß, dass sie mich verstehen. Weil sie wissen, was ich tue. Weil sie wissen, wie es ist, täglich Menschen durch Delhi zu fahren.

Die Truppe diskutiert gerade über den Ausgang des anstehenden Cricketspiels und wie so oft gibt es zwei verschiedene Meinungen. Keine der Meinungen ist falsch, keine ist richtig. Da heute so ein Tag ist, an dem ich keine Lust auf Small Talk habe und ich auch keine wirkliche Meinung zu dem Spiel habe, halte ich mich zurück und höre den anderen einfach zu.

Meine Gedanken schweifen zu der schwerhörigen Dame, die ich so vollkommen falsch eingeschätzt hatte. Sie hat mir gezeigt, dass es nicht die eine Wahrheit gibt, sondern dass für jeden die Welt ein bisschen anders aussieht ...

Der Tag hat 86 400 Sekunden. Die kriegen wir jeden Tag geschenkt. Wie im Lotto.

„... dieser Typ hat mich an der Ampel angeschrien, nur weil ich zu langsam losgefahren bin!", erzählt einer aus der Gruppe erregt. Irgendwie und ohne dass ich es mitbekommen habe, hat das Thema gewechselt. Die anderen empören sich mit dem jungen Fahrer, der angeschrien wurde, und ich höre, wie sie Worte benutzen wie „furchtbar ...", „schlimm ...", „typisch ...", bis ich einhake und den Fahrer direkt anspreche.

„Hast du Lust auf ein Spiel?" So selbstbewusst ich frage, so unsicher bin ich, was seine Reaktion angeht.

Er schaut mich überrascht an und sagt: „Wie bitte? Ein Spiel??"

„Ja genau, ein Spiel. Also eigentlich ist es kein richtiges Spiel, es ist eher eine Art Gedankenspiel."

Der Blick des Mannes gleicht in etwa dem eines Hundes, der in einen Ventilator hineinschaut. „Gut ... von mir aus ... warum nicht?", sagt er achselzuckend.

„Okay, stell dir vor, ich schenke dir 86 400 Dollar", sage ich.

„... warum solltest du das tun?", unterbricht er mich.

„Stell es dir einfach vor. Sagen wir, ich habe gute Laune und deswegen tue ich es", antworte ich. Er muss ein wenig grinsen, nickt und ich fahre fort: „... und nun kommt jemand und klaut dir 10 Dollar von diesen 86 400 Dollar. Er klaut sie dir und läuft weg. Und er ist viel schneller als du, sodass du ihn nicht mehr einholen kannst, und du weißt: Diese 10 Dollar sind weg!"

„Hmm ... in meiner Rikscha bin ich sehr schnell und ich kenne Delhi wie meine Westentasche. Aber okay: Ich schaffe es nicht, ihn zu fangen!", sagt er immer noch grinsend.

„Würdest du die übrigen 86 390 Dollar wegschmeißen und dich den ganzen Tag über die verlorenen 10 Dollar ärgern?"

„Ja, na klar", schießt es aus ihm heraus. Er hält einen kurzen Moment inne und sagt dann: „Nee, natürlich nicht. Ich würde die 10 Dollar abhaken und die übrigen 86 390 Dollar genießen. Ich würde meine Rikscha aufrüsten und dann in Urlaub fahren. Nach Australien. Ja, da wollte ich immer schon mal hin. Und ..."

„Okay, okay", lache ich, „ich glaube dir, dass du viele Ideen hast, was du mit dem Geld machen würdest. Und weißt du was? Du hast heute tatsächlich 86 400 geschenkt bekommen."

Der Mann schaut mich spöttisch an und meint trocken:
„Hmm … genau. Wenn das so wäre, dann wäre ich jetzt schon auf
dem Weg ins Reisebüro!"
„Du hast mir nicht genau zugehört, mein Freund …", sage ich.
„… ich habe gesagt: ‚Du hast heute 86 400 bekommen.' Nicht
86 400 Dollar, sondern 86 400. Und zwar 86 400 Sekunden.
Der Tag hat 24 Stunden … und das sind 86 400 Sekunden.
Die kriegen wir jeden Tag geschenkt. Wie im Lotto."
„… und was willst du mir jetzt damit sagen?", fragt er anscheinend
ernsthaft interessiert.

Die Mächte versteckten das Glück in den
Menschen. Dort liegt es immer noch verborgen.

Ich beginne zu erklären: „Um 0 Uhr hat jeder von uns
86 400 Sekunden geschenkt bekommen. Wären es 86 400 Dollar,
dann wüsstest du am Abend genau, was du mit jedem Dollar
angestellt hast. Aber wir haben kein Geld geschenkt bekommen,
sondern Zeit. Und jetzt liegt es an uns, jede einzelne Sekunde gut
zu investieren. Der Typ, der dich an der Ampel angeschrien hat …
der hat dir zehn Sekunden geklaut. Die sind weg. Hake sie ab.
Nutze nun die übrigen 86 390 Sekunden, so wie du auch die
86 390 Dollar für deine Träume genutzt hättest."
„Joar … da hast du wohl recht!", sagt mein Gesprächspartner
knapp. Die Jungs fangen wieder an, über das Spiel zu diskutieren,
aber sein Lächeln verrät mir, dass ein bisschen von der Botschaft
bei ihm angekommen ist.

In der Riksha-Schlange hat sich noch nicht sehr viel getan.
Die meisten der ankommenden Fans werden von Reisebussen
ins Stadion gebracht. Es vergehen dreißig, vielleicht vierzig
Minuten … in denen ich warte, in den Himmel starre, mit den
anderen Fahrern spreche … und weiter warte.

Also beschließe ich, wieder weiterzufahren und mein Glück
am Great-Market-Platz zu suchen. Na ja, das Glück würde ich
dort wohl nicht finden, aber vielleicht den einen oder anderen
Fahrgast. Ich verabschiede mich von der Runde, steige in meine
Nanni und fahre los.

Während ich wende, denke ich über meinen eigenen Satz nach …
das Glück suchen. Ich muss mal wieder an meinen Großvater
denken. Als Kind fragte ich ihn, wo man das Glück findet.
Danach schienen so viele Erwachsene zu suchen … und nur ganz
wenige schienen es zu finden.

Da erzählte er mir eine Geschichte von Mächten, die das Glück
vor den Menschen verstecken wollten. Sie versteckten es auf den
höchsten Gipfeln, aber die Menschen erklommen die Berge und
fanden es dort. Dann versteckten sie es auf dem Meeresboden,
aber die Menschen bauten Schiffe, lernten tauchen und fanden
auch dort das Glück. Egal wo die Mächte das Glück versteckten,
in den dunkelsten Wäldern oder an den entlegensten Orten, den
Menschen gelang es immer, das Glück zu finden.

Also überlegten die Mächte lange und versteckten das Glück
schließlich in den Menschen selbst. Denn sie wussten, dass die
Menschen schlau genug waren, das Glück an jedem Ort zu finden,
dass aber kein Mensch auf die Idee kommen würde, das Glück in
sich selbst zu suchen. Und da blieb es dann unbeachtet und verborgen … bis … ja, keine Ahnung, wie lange es da verborgen bleibt.

Was mir nicht verborgen bleibt, ist, dass der Verkehr ins Stocken geraten ist, was an dieser Kreuzung oft passiert. Nicht aufregen, Rahul. Das Glück liegt in dir ... Während ich abbremse, muss ich wieder an meine Anfangszeit als Riksha-Fahrer denken. An meine Unsicherheit und Angst. Daran, dass ich die Fahrten irgendwie immer ganz schnell hinter mich bringen wollte. Inzwischen glaube ich, dass die wahre Kunst des Ankommens vor allem darin besteht, sich in den Weg zu verlieben.

Bis zum Great-Market-Platz ist es nicht mehr weit, da sehe ich eine große Werbetafel, auf der steht, dass morgen ein neuer Film mit Shah Rukh Kahn anläuft. Wow! Davon habe ich bisher ja gar nichts mitbekommen, wie kann das denn sein?

Leider fährt links neben mir gerade einer dieser dicken SUVs mit verdunkelten Scheiben, sodass ich nicht gut sehen kann, in welchen Kinos der Film laufen wird. Ich beuge mich etwas nach vorne, um so einen besseren Blick zu bekommen. Hm ... Upstage ... Cinepolis ... die anderen kann ich nicht lesen ... ach, was soll's? Ich richte meinen Blick wieder auf die vor mir liegende Straße ... aus dem Augenwinkel sehe ich, dass von rechts ...

WAS ZUR HÖLLE?! ...

Ein kaputtes Bein, ein Rätsel und viele bunte Luftballons

Piep … *Piep* … *Piep* … *Piep* … ich öffne langsam die Augen. So ganz will es mir jedoch nicht gelingen. Halbwegs erkenne ich eine alte Maschine, die meinen Herzschlag abbildet. *Piep* … *Piep* … mit jedem Ton erscheint ein neuer spitzer Ausschlag auf dem Bildschirm. Ich schließe kraftlos die Augen und höre nur noch das Piepen. Jedes *Piep* verursacht einen kleinen stechenden Schmerz in meinem Kopf. Und so fürchte ich jedes Piepen und bin gleichzeitig froh darüber. Denn sowohl dieser Schmerz als auch das Signal zeigen mir, dass ich am Leben bin. Ich fasse mir an die Brust und spüre Kabel … oder Schläuche.

Mein rechtes Bein ist eingegipst. Ich versuche, warum auch immer, das Bein etwas zu bewegen … und mich trifft blitzartig ein stechender Schmerz. Ich schreie auf … zumindest will ich das, aber ich habe nicht genug Kraft dafür.

Aus dem Augenwinkel sehe ich ein Fenster. Ich drehe langsam meinen Kopf, auch wenn eine Halskrause das zu verhindern versucht. Helle Sonnenstrahlen lassen mich die Augen zukneifen. Meine Gedanken sind wirr und ich versuche, etwas Ordnung in sie zu bringen. Der dichte Verkehr … die Ampel … leicht verzweifelt starre ich an die Decke und krame in meiner Erinnerung. Das Kinoplakat. Da war ein Kinoplakat! Ich schaue aus dem Fenster und sehe den wolkenlosen Himmel.

Ich höre, wie die Tür aufgeht, und wende meinen Kopf vorsichtig in ihre Richtung. Ein Mann betritt das Zimmer und kommt näher an mein Bett. Weißer Kittel, Stethoskop um den Hals, Brille auf der Nase: Das muss der behandelnde Arzt sein. Das zu verstehen, ist zwar keine geistige Heldentat, aber ich bin einfach nur froh, dass ich nach und nach zu mir komme.

Der Mann tritt so nah an mein Bett heran, dass ich sein herbes Aftershave riechen kann. Er rückt seine Brille zurecht, beugt sich zu mir herab und sagt: „Hallo, Rahul, mein Name ist Dr. Survan Singh. Sie befinden sich im St. Joseph's Hospital in Delhi. Bleiben Sie ganz ruhig liegen … Ich bin sehr froh, dass Sie nach drei Tagen heute zum ersten Mal aufgewacht sind. Wie fühlen Sie sich?"

Das erste Mal nach drei Tagen also … ich bin in Delhi … ich lebe … so viel steht fest. Wie ich mich fühle? Will er jetzt wirklich wissen, wie es mir geht? Oder will er wissen, wie schlecht es mir geht auf einer Skala von 1 bis 10, wobei 1 für „Ich kann nicht mehr" steht und 10 für „Ich glaube, ich sehe schon ein helles Licht"? Okay … also … zumindest mein Humor scheint teilweise mit mir aufgewacht zu sein.

Ich atme kurz ein und wieder aus und antworte sehr leise: „Dr. Singh ... *nanni*. Nanni für alles. Ich weiß ... ich weiß, dass es mir mal besser ging. Und ich ... ich weiß, dass es mir auch noch nie schlechter ging ..." Diese Worte über meinen trockenen Lippen zu bringen, kostet mich extrem viel Kraft.

> *Ich bin dankbar, dass ich zwei Geschenke öffnen darf: meine beiden Augen.*

Ich befeuchte die Lippen mit der Zunge und lausche aufmerksam den Worten von Doktor Singh: „Können Sie sich an etwas erinnern, Rahul? Gibt es da irgendetwas?"

Dann lässt er mich nachdenken. Er lässt mich einfach in Ruhe nachdenken.

Und ich ... ich denke nach. Ich versuche, irgendwelche Bilder vor mir zu sehen. Ich flüstere: „Ich ... ich stand vor einer Ampel ... und da war ... da war ein großes Plakat. Und ich wollte ...", ich muss kurz Luft holen, bevor ich weiterspreche, „... ich wollte lesen, was draufsteht, und dann ... dann weiß ich nichts mehr ..."

„Okay, Rahul. Ruhen Sie sich aus. Ich bin sehr froh, dass Sie sich erinnern. Für mich war es das Wichtigste festzustellen, dass Ihr Gedächtnis funktioniert."

Er legt seine warme Hand auf meine und sagt: „Ich komme nachher wieder zu Ihnen und wir sprechen über alles Weitere. Jetzt sollten Sie sich aber schonen. Wenn etwas sein sollte, dann zögern Sie bitte nicht, uns zu rufen." Er deutet auf einen kleinen roten Schalter, der links neben meinem Bett befestigt ist.

Ich nicke… zumindest versuche ich es, denn die Halskrause hat meinen Kopf fest im Griff.

„Nanni…", stöhne ich und weiß, dass mir hier das Leben gerettet wurde.

Dr. Singh verlässt das Zimmer und schließt die Tür hinter sich. Obwohl das Fenster geschlossen ist, kann ich ein leises Hupkonzert wahrnehmen.

> *Zum ersten Mal in meinem Leben muss ich mich anstrengen, um zu atmen.*

Ich traue mich nicht mehr, das Bein zu bewegen. Was ist bloß damit? Ich wünschte, Dr. Singh hätte etwas dazu gesagt. Aber vielleicht hat er auch schlechte Nachrichten? Was, wenn dieser heftige Schmerz von vorhin nicht mehr weggeht? Wenn ich nie mehr richtig laufen kann?

Hier liege ich nun. Allein.

Ich konzentriere mich auf meine Atmung, um die negativen Gedanken von mir fernzuhalten. Ich atme ganz langsam ein… und ganz langsam wieder aus… dann wieder ganz langsam ein… und wieder aus…

Ich bemerke zum ersten Mal in meinem Leben, dass ich mich etwas anstrengen muss, um zu atmen. Atmen… das passiert sonst einfach. Aber wie kann etwas so Magisches so selbstverständlich sein? Ich wüsste nicht, wann ich das letzte Mal die Augen geschlossen habe, um meine Atmung leibhaftig zu spüren. Ich atme ein… und wieder aus… ein… und wieder aus… und…

Ich werde wieder wach. Es ist so angenehm ruhig. Ich bin dankbar, dass ich zwei Geschenke öffnen darf: meine beiden Augen. Dann erkenne ich, dass jemand vor mir steht. Die Umrisse und der Duft nach Aftershave verraten mir, dass es Dr. Singh ist.

„Hallo, Herr Doktor", flüstere ich.

„Hallo, Rahul, wie fühlen Sie sich?", fragt er mich mit seiner beruhigenden Stimme.

„Wissen Sie ... auch wenn das jetzt komisch klingt: Aber ich fühle mich lebendig", antworte ich.

„Das hört sich nicht komisch an", sagt er mit einem Lächeln.

„... und es stimmt ja auch: Sie sind lebendig."

Er schiebt einen Stuhl zur Seite, um noch näher an mein Bett heranzutreten.

„Ich möchte Ihnen jetzt erzählen, was passiert ist, Rahul ... Sie waren auf der Middle Street mit Ihrer Rikscha unterwegs und haben ein Stoppschild übersehen. Und sind dann mit einem Auto zusammengestoßen, das von rechts kam."

Dabei hebt er die rechte Hand und macht eine Bewegung, die wohl den Weg des Kleinwagens nachahmen soll. Vielleicht denkt er aber auch, dass ich vergessen habe, wo links und rechts sind. Mein Blick wandert von seiner rechten Hand zum Gips um mein rechtes Bein. Er legt seine Hand auf den Gips und fährt fort: „Rahul, Sie haben ein leichtes Schädel-Hirn-Trauma erlitten. Soweit ich das zum jetzigen Zeitpunkt beurteilen kann, haben Sie das aber gut verarbeitet. Außerdem haben Sie diverse Prellungen entlang der Wirbelsäule und im Hals- und Nackenbereich."

Er blickt auf den Gips und spricht weiter: „... problematisch sind die offenen Brüche, die Sie am rechten Bein an Wade und Unterschenkel erlitten haben."

„Ist es … ist es sehr schlimm, Doktor?" Diesen Satz habe ich schon in so vielen schlechten Filmen gehört und nun spreche ich ihn selbst mit einer leisen Vorahnung aus.

„Wissen Sie, Rahul, ich bin Mediziner. Ich bin ein Mann direkter Worte. Sie haben drei offene Brüche an Ihrem rechten Bein. Wir haben das Bein jetzt notdürftig stabilisiert, aber wir müssen bis spätestens übermorgen operieren, um sicherzugehen, dass Sie wieder laufen können."

Er legt einen Briefumschlag auf meinen Bauch und sagt: „Lesen Sie sich dies in Ruhe durch, Rahul. Ich komme später wieder und wir besprechen alles Weitere."

Doktor Singh verlässt das Zimmer. Ich schaue ihm nicht hinterher, denn der Briefumschlag hat meine ganze Aufmerksamkeit auf sich gezogen. Ich schließe die Augen und hole tief Luft. Ich muss husten, weil ich anscheinend zu viel Luft auf einmal eingeatmet habe.

Ein gesunder Mensch hat viele Wünsche.
Ein Kranker nur einen …

Meine Finger zittern etwas, als ich mich ganz vorsichtig bewege und den Brief aus dem Umschlag nehme. Obwohl ich ahne, was mich erwartet, habe ich die leise Hoffnung, doch etwas anderes zu lesen …

Das große Emblem des Saint Joseph's Hospital ziert den Briefkopf. Ich lese den Brief wie in Trance. „Rechnung … Anästhesie … operativer Eingriff rechtes Bein … Rehabilitationsmaßnahmen …"

Unter dieser Aufstellung und einigen lateinischen Begriffen, die ich nicht verstehe, ist ein langer schwarzer Strich gezogen. Und darunter steht die Summe, die diese Operation kostet: 450 000 Rupien, was in etwa 6 500 Dollar entspricht. Ich falte den Brief zusammen, lege ihn wieder in den Umschlag und halte ihn an mein Herz. Ich habe das Gefühl, als würden mich die Halskrause und der Gips plötzlich immer enger umfassen. *Oh Gott, warum tust Du mir das an?* Ich hadere mit Gott und bitte ihn gleichzeitig um Hilfe. Und für einen kurzen Moment, wirklich nur für einen ganz kurzen Moment, denke ich daran, wie es gewesen wäre, wenn ich nicht mehr aufgewacht wäre. Diesen Gedanken verwerfe ich aber sofort wieder.

Ich öffne den Brief nochmals und schaue auf die Rechnungssumme, die sich – welch Wunder – nicht verändert hat.

Ich überlege … eine Versicherung habe ich nicht … und … und gespart habe ich etwa 300 Dollar. Wenn ich meine Nanni verkaufe, bringt mir das vielleicht noch mal 1000 Dollar … wobei … nein! Wer weiß, ob sie nach dem Unfall überhaupt noch existiert. Aber selbst wenn … dann …

In diesem Moment geht die Tür mit einem leichten Knarren auf und Doktor Singh kommt lächelnd herein.

Er tritt ans Bett, sieht den geöffneten Brief und sagt ganz ruhig zu mir: „Rahul, ich bin mir darüber im Klaren, dass das eine Menge Geld ist. Wir haben allerdings nicht mehr genug Zeit, um länger zu überlegen. Ich möchte Ihnen deshalb sagen, welche Optionen wir haben.

Diese Operation ist die erste Alternative. Nach der Operation, die bereits morgen stattfinden würde, würden Sie bei uns eine Reha durchlaufen. Nach vier bis sechs Monaten liegt die Wahr-

scheinlichkeit, dass Sie wieder ganz normal laufen können, bei
über neunzig Prozent."
Ich lächle starr zurück und sage etwas hastig: „Doktor Singh,
ich schätze es sehr, dass Sie ein Mann direkter Worte sind. Und
deswegen möchte auch ich direkt und ehrlich zu Ihnen sein. Ich
kann mir diese Operation nicht leisten … Aber Sie haben von
Alternativen gesprochen … gibt es noch … gibt es noch irgendeine
andere Möglichkeit für mich?"
Ich kann Doktor Singh nicht in die Augen sehen, denn ich würde
seinen mitleidigen Blick nicht ertragen. Wenn es eine Sache gibt,
die ich jetzt nicht will, dann ist es Mitleid. *Sollen sie mir doch das
ganze Bein abnehmen, aber meinen Kopf behalte ich oben!* Ich lächle
geradezu maskenhaft und kann die Tränen kaum zurückhalten.
„Ja, es gibt noch eine andere Alternative, Rahul. Dabei handelt es
sich um eine kleine notdürftige Operation, die dafür sorgen wird,
dass Sie bald zumindest schmerzfrei sind. Wir werden das Bein
äußerlich so weit wie möglich stabilisieren."
Seine Worte lassen mich nichts Gutes ahnen, dennoch will ich
unbedingt Klarheit: „Kann ich denn dann irgendwann wieder
normal laufen?"
„Rahul, jeder Körper ist anders. Aber die Position der offenen
Brüche und die Verschiebung der Knochen führen in diesem Fall
leider mit großer Wahrscheinlichkeit dazu, dass Sie nicht mehr so
laufen können wie bisher. Es tut mir wirklich leid, Rahul …"
Es wird kurz still im Zimmer. Es ist diese Art von Stille, die nur
schwer zu ertragen ist. Von Sekunde zu Sekunde fühle ich mich
unwohler, weil ich mich … einfach hilflos fühle. Ich presse kurz
die Lippen zusammen, während ich an die Zimmerdecke schaue.
Dann blicke ich Doktor Singh an und sage leise, aber entschlos-

sen: „So machen wir es. Vielen Dank für diese Möglichkeit."
Ich gebe ihm die Rechnung zurück, lächle ihn kurz an und wende
den Kopf zum Fenster. Ich weiß nicht, ob er den Raum verlassen
hat. Ich nehme eigentlich nichts mehr um mich herum wahr.
Nach einer Weile schaue ich kurz zur Tür, und als ich sehe, dass
ich allein bin, schließe ich die Augen. Tränen strömen mir über
das Gesicht. Endlich. Es ist irgendwie befreiend und ich blinzle
ein paar Mal, bevor ich tief ausatme.

Treppensteigen war für mich selbstverständlich.
Aber nun werde ich das vielleicht
nie mehr können.

Ich weiß nicht, wie lange ich den Gips mit leerem Blick anstarre.
Es muss eine halbe Ewigkeit sein. Ich denke an die Tage im
Delhi Food & Drinks. Ich sehe, wie meine Beine die Treppen
hochsteigen, ich sehe, wie ich mich kraftvoll in den Stuhl fallen
lasse, wie ich Chai trinke, esse, lache, aufspringe, mich wieder
hinsetze …
All das war für mich immer selbstverständlich, aber nun werde
ich diese Dinge wohl nie mehr haben. Ich stelle mir vor, dass ich
umherhumpele … dass ich mitleidsvolle Blicke ernte … dass ich
den Leuten um mich herum zur Last falle … dass ich … nein,
mehr will ich mir nicht vorstellen. Erst jetzt erkenne ich, wie
gesegnet ich bisher doch war.
Ich hoffe wenigstens, dass ich ohne Probleme wieder Rikscha
fahren werde. Irgendwie werde ich mich schon an alles gewöhnen.

Ich wische mir die Tränen ab. Und denke daran, wie viele Wünsche ich vor ein paar Tagen noch hatte. Heute habe ich nur noch einen Wunsch. Ein gesunder Mensch hat eben viele Wünsche. Ein Kranker nur einen …

Mein Handy klingelt. Ganz langsam nehme ich es ans Ohr und beobachte dabei die Schläuche an meiner Hand … ich habe Angst, dass sie sich verknoten.

„Ja, bitte?", frage ich leise.

„Rahul? Bist du es? Ich bin es, Santosh … ich bin so froh, dass du lebst."

„Santosh … es ist so schön, deine Stimme zu hören."

„Ich habe von deinem Unfall gehört. Wie geht es dir jetzt? Was haben die Ärzte gesagt …?", fragt Santosh etwas aufgeregt.

„Also bei dir im Restaurant mit Dosa und Chai würde es mir besser gehen, mein Freund", versuche ich, auf die alte Art mit ihm zu scherzen.

Das Leben ist zu kurz, aber es ist das längste, was wir haben.

„Kann ich irgendwas für dich tun?"

Santoshs Frage ist wirklich lieb gemeint und kommt von Herzen. Das kann ich hören. Ich weiß, dass er wegen seines Restaurants viele Schulden hat. Ich schließe die Augen, atme ein und wieder aus und sage dann mit einem Lächeln „… nein, danke, Santosh. Es ist alles gut. Ich werde morgen operiert."

„Rahul, wenn ich irgendetwas für dich tun kann …" Ich unterbreche Santosh liebevoll: „… ja, das kannst du: Pass einfach gut auf dich auf. Ich muss mich jetzt etwas ausruhen … danke, dass du dich gemeldet hast."

Ich beende den Anruf, bevor Santosh sich verabschieden kann. Ich will nicht, dass er mitkriegt, dass ich wieder weinen muss.

Ich denke an den Traum, den ich schon als kleiner Junge hatte: eines Tages in den Bergen Nepals zu wandern. Wie mein Großvater. Vor meinem inneren Auge tauchen die Höhenzüge auf, so wie ich sie mir immer vorgestellt habe …

Schweren Herzens verabschiede ich mich von diesem Traum.

Ich habe irgendwie immer auf den perfekten Zeitpunkt gewartet … dabei gibt es den perfekten Zeitpunkt nicht. Man muss einfach einen Zeitpunkt wählen und ihn perfekt machen. Wie viele Chancen werden wohl verpasst, weil man meint, es fehle noch etwas …? Das Leben ist zu kurz, aber es ist das längste, das wir haben.

„Guten Morgen, Rahul."

Ich brauche ein paar Momente, um mich zu orientieren. Meine Augen sind ziemlich verklebt, wahrscheinlich vor lauter Tränen, und ich reibe sie kräftig.

Eine Krankenschwester steht vor mir und lächelt mich an.

„Ich hoffe, Sie haben gut geschlafen, Rahul. Ich heiße Suja und werde Sie gleich in den OP-Saal begleiten."

Sie hält mir einen kleinen Becher mit zwei Tabletten und ein Glas Wasser hin. „Schlucken Sie bitte diese Tabletten. Sie werden danach etwas müde, aber das ist ganz normal."

„Guten Morgen, Schwester", sage ich leise und nehme die Tabletten ein.

Ich trinke etwas Wasser hinterher und gebe Schwester Suja

den Becher zurück. Ich merke, wie mein Körper ruhiger wird. Ich habe mich damit abgefunden, nicht mehr richtig laufen zu können …

„Dann wollen wir mal, oder …?", frage ich Suja, während sie bereits die Rollen meines Krankenbetts entsichert, um mich in den OP-Saal zu schieben.

„Dann wollen wir mal", lächelt sie zurück und wir bewegen uns auf den Flur.

Ich schaue an die Decke. Alle paar Meter blendet mich ein Deckenlicht, wie es manchmal auf Nachtfahrten bei entgegen-kommenden Fahrzeugen der Fall ist. Das Bett ruckelt etwas über den alten Krankenhausboden, so wie meine Nanni über die schlecht gepflasterten Seitengassen Delhis. Ich höre von links und rechts Stimmen. Telefone klingeln und Maschinen piepen. Noch ein Licht … und noch ein Licht …

Mit einem kaum wahrnehmbaren Stoß öffnet sich die Tür zu einem anderen Raum. Wir halten an und ich kann sogar ein leises Abbremsgeräusch hören … wie ich es schon unzählige Male an Ampeln und Straßenschildern in meiner Rikscha gehört habe. Über mir sind neben dem grellen Deckenlicht nun noch weitere Lichter, die so hell leuchten, dass meine Augen anfangen zu tränen.

„Hallo, Rahul", die Stimme von Doktor Singh ist mir schon sehr vertraut, auch wenn ich sie noch nicht oft gehört habe.

„Hallo, Doktor Singh … ist es so weit?"

Er lächelt mich an, nickt und bereitet eine Spritze vor.

„Sie sind bei mir in guten Händen, Rahul. Sie werden gleich ruhig einschlafen und wenn Sie aufwachen, haben Sie alles überstanden. Zählen Sie jetzt langsam von 10 bis 0 …"

Ich tue, was er mir sagt, und beginne langsam zu zählen „10 …
9 … 8 … 7 …“

Ich öffne etwas mühsam die Augen. Doch sie fallen immer
wieder zu. Es scheint, als hätte ich die Operation hinter mir.
Ich schaue auf mein Bein und tatsächlich … ein neuer weißer
Gips umschließt es.

Ich bin einfach dankbar, dass es zumindest notdürftig behandelt
worden ist. Ich döse vor mich hin, bis die Tür aufgeht und Doktor
Singh hereinkommt.

„Hallo, Rahul", begrüßt er mich freundlich und schaltet das Licht
an, draußen ist es mittlerweile dunkler geworden.

„Ist … ist alles gut gelaufen?", frage ich hoffnungsvoll.

„Rahul, alles ist gut gelaufen. Ich zeige Ihnen jetzt, was wir
gemacht haben."

> *Ich fahre mit dem Zeigefinger über den Gips*
> *und male ein imaginäres Herz darauf.*

Er zieht unter seinem Arm einen Ordner hervor. Aus diesem holt
er ein Röntgenbild und hält es gegen das Licht.

Da meine Augen noch ziemlich empfindlich sind, kann ich nicht
allzu lange auf das Bild schauen. Immer wieder kneife ich die
Augen zu.

Nach ein paar Augenblicken aber kann ich mein Bein und die
verschiedenen Brüche erkennen und zucke innerlich zusammen.
Meine Knochen sind so stark verschoben, dass ich schlucken
muss. So würden sie jetzt also zusammenwachsen … zumindest

der Schmerz wird irgendwann verschwinden ... und ein gesundes
Bein ist mir ja noch geblieben ...
Ich will etwas sagen, aber ich weiß nicht, was.
Und in dieser Stille greift Doktor Singh erneut in den Ordner und
holt ein weiteres Röntgenbild hervor. Er schaut zunächst selbst
darauf und hält es dann wieder ins Licht.
Ich schaue auf das Bild und sehe ... ich sehe die Knochen meines
Beins. Man sieht die einzelnen Brüche zwar noch, aber die Kno-
chen liegen alle wieder dort, wo sie liegen sollten ... ich kann
kleine Schrauben erkennen, die sie zusammenhalten.
Ich verstehe nichts mehr und stammele nur: „Ich ... was ... ich ...“
„Das erste Bild zeigt Ihr Bein vor der Operation“, erklärt Doktor
Singh. „Wir haben nun alles dafür getan, dass es sich so regene-
riert, dass Sie in vier bis sechs Monaten wieder normal laufen
können.“
Er legt das Bild wieder in den Ordner.

Träume nicht dein Leben,
sondern lebe deinen Traum.

Ich sage mit zittriger Stimme: „Aber ... aber Doktor Singh ... ich
habe doch gesagt, dass ich mir diese Operation nicht leisten
kann ... ich kriege ... ich kriege das Geld niemals zusammen!“
Ich kann die Tränen nicht zurückhalten. Ich kann mir nicht erklären, wie es zu diesem Missverständnis kommen konnte. Ich habe
doch ganz klar gesagt, dass diese Operation für mich nicht infrage
kommt.

Ich fahre mit dem Zeigefinger über den Gips und male unbewusst ein imaginäres Herz drauf.

Doktor Singh greift erneut in den Ordner und zieht einen Brief hervor, den er in meine Hände legt. Ich schaue ihn fragend an und öffne hastig den Umschlag.

Ich kenne den Umschlag bereits und auch der Brief ist mir bekannt ... erneut halte ich die Rechnung für die Operation in Händen. Wieder begrüßt mich ein großes Saint-Joseph's-Hospital-Emblem auf dem Briefkopf. Und auch alles Weitere habe ich schon einmal gelesen: „Rechnung ... Anästhesie ... operativer Eingriff rechtes Bein ... Rehabilitationsmaßnahmen ...“ Darunter ist wieder ein langer schwarzer Strich gezogen. Und unter dem Strich steht wieder die Summe, die diese Operation kostet: 450 000 Rupien.

Nur dieses Mal ... dieses Mal ist die Summe durchgestrichen. Ich verstehe nicht ...

Meine Augen werden größer und ich traue mich nicht mehr zu blinzeln aus Angst, ich könnte etwas überlesen. Mit einem Mal vergesse ich den Schmerz und die Müdigkeit, die mich bis eben noch beherrscht haben. Neben der durchgestrichenen Summe steht etwas Handschriftliches geschrieben.

Ich halte den Brief näher an mein Gesicht: „Die volle Rechnungssumme wurde beglichen. Die Operation war gratis. Sie wurde mit einem Lebensgefühl bezahlt.“

Ich lese den Brief noch zwei-, drei- oder viermal ... ich falte ihn zusammen und lege ihn wieder in den Umschlag. Ich schließe die Augen und fange hemmungslos an zu weinen. Und zum ersten Mal sind es Tränen der Freude.

Doktor Singh nimmt meine Hand und sagt: „Es ist alles bezahlt

worden, Rahul. Wir haben einen anonymen Brief erhalten mit
einem Scheck über die gesamte Summe. In seinem Brief bat
der Spender uns, diese Sätze noch mit auf die Rechnung zu
schreiben …"
Ich muss gleichzeitig weinen und lachen. Ich schaue Doktor Singh
an und auch er muss lachen. Ich sehe die Lachfalten um seine
Augen herum und muss daran denken, dass jede Falte eine
Geschichte erzählt. Und heute und in diesem Moment erzählen
unser beider Lachfalten eine Geschichte von einem armen Rikscha-Fahrer aus Delhi, dem großes Glück geschenkt wurde …

„Piep. Piep. Piep." Ich mag diesen Weckerton immer noch nicht
wirklich. Aber ich bin immer noch zu faul, ihn zu ändern. Ich
stehe vorsichtig auf und spüre ganz bewusst, wie beide Füße den
Boden berühren.
„Träume nicht dein Leben, sondern lebe deinen Traum."
Ich schaue auf das Poster mit dem Spruch, der mich jeden Morgen
begrüßt. Auf das Poster habe ich die Krankenhausrechnung geklebt.
Die Operation liegt über fünf Monate zurück und ich kann schon
wieder fast normal laufen. Natürlich bin ich noch sehr vorsichtig
und humpele noch ein wenig, aber von Tag zu Tag gehe ich etwas
sicherer.
Ich schaue auf mein rechtes Bein hinab … es ist schon verrückt, was
ganz natürlich geschieht. Knochen wachsen wieder zusammen …
einfach so. Wunden schließen sich … einfach so. Die Natur fragt
nicht lange, was gut ist … sie macht das Richtige … einfach so.
In den letzten Monaten gab es viele Tage, an denen ich hingefallen
bin. Und immer wieder aufgestanden bin. Ich meine, das habe ich
ja schon einmal so gemacht. Als Kind bin ich ja auch nicht hin-

gefallen und habe mir gesagt: „Ich bleibe einfach mal liegen … ich glaube, gehen ist nichts für mich."

Ich mache mich langsam fertig für den neuen Tag und trete aus der Tür. Heute habe ich etwas Bestimmtes vor. Ich atme tief durch.

> *Dankbarkeit ist das Gefühl, wenn sich das Herz erinnert.*

Und da steht auch schon meine Nanni. Schwarzes Blech, ein gelbes Dach … Okay, ein paar Beulen sind hinzugekommen und einige Stellen wurden mit weißem Blech ausgebessert. Santosh hat mir in den letzten Wochen geholfen, die Nanni wieder instand zu setzen. Zum Glück blieben die Elektrik und der Motor vom Unfall weitestgehend verschont.

Mein Vater verriet mir einst sein Geheimnis für die glückliche Ehe mit meiner Mutter: reparieren statt wegschmeißen. Und deswegen wollte auch ich meine Nanni reparieren. Deshalb und weil sie sich bei dem Unfall schützend über mich gebeugt hat.

Ich klopfe auf das Dach der Nanni, während ich um sie herumlaufe, und muss dabei an die Worte von Doktor Singh denken, die er mir bei der Entlassung mitgab: „Es gibt zwei wichtige Tage im Leben, Rahul. Der erste ist, wenn Sie geboren werden. Und der zweite ist, wenn Sie begreifen, warum."

Ich setze mich in die Nanni hinters Lenkrad und umfasse es ganz behutsam mit beiden Händen. Noch immer weiß ich nicht, wer meine Operation bezahlt hat. Wie oft bin ich im Geiste meine

Fahrgäste durchgegangen und habe überlegt, wer der großzügige Spender gewesen sein könnte. Ich fühle unendliche Dankbarkeit in mir und Dankbarkeit ist ja das Gefühl, wenn sich das Herz erinnert. Aber mein Herz möchte gerade mehr, als sich nur zu erinnern! Ich würde dem Menschen, der die Rechnung bezahlt hat, so gern in die Augen blicken und von ganzem Herzen „Nanni!" sagen.

Deshalb starte ich heute meine Aktion.

Auf der Rückbank liegt ein großer Karton. Was da drin ist? Luftballons! Aber nicht irgendwelche, sondern die Rahul-Spezial-Luftballons! Ein Freund von mir arbeitet in einer Druckerei und er hat auf jeden Luftballon ein großes „Nanni" und eine Riksha gedruckt. Ich werde die Luftballons gleich mit Janam und meinen anderen Riksha-Kumpels über die Stadt verteilen ... beim Finanzamt ... an der Musikschule ... bei der Ohrenklinik ... an der Universität ... beim Hotel Imperial Palace ... am Jivar-Platz ... vorm Dancing Monk ... am St. Joseph's Hospital ... nur zum Taj Mahal werde ich es wohl nicht schaffen.

Vielleicht steht mir ja mein Glückselefant bei und mein Wohltäter entdeckt einen der Luftballons und er versteht, was ich ihm sagen möchte, und sein Herz macht einen kleinen Hüpfer ...

Der Gedanke an diese Möglichkeit stimmt mich bereits froh.

Ich drehe an dem kleinen Hebel unter dem Lenkrad und die Nanni erleuchtet in einem wunderschönen Grün. Mein Blick fällt auf die kleine Ablage vor mir, wo mein Ticket nach Nepal liegt. Nur noch drei Monate, dann werde ich die Reise antreten und endlich in den Bergen wandern ...

Ich starte den Motor, fahre langsam los und stelle das Radio an ... mein Lieblingssong läuft und ich singe laut mit: „Jai hoooo ...“

Nachwort

Das war sie also … unsere gemeinsame Reise durch Indien. Ich weiß nicht, wie es dir ergangen ist, aber für mich war sie etwas ganz Besonderes. Besonders unterhaltsam. Besonders lehrreich. Besonders bewegend. Vielleicht hast du dich in der einen oder anderen Geschichte wiedergefunden. Das würde mich nicht wundern. Denn die Menschen in diesem Buch … das sind wir alle. Mal mehr und mal weniger. Und so wie jeder der Fahrgäste ein bisschen mehr zu sich selbst gefunden hat, hoffe ich, dass auch du etwas mehr zu dir selbst gereist bist.

Ich wollte dich mit diesem Buch daran erinnern, dass alles, was du suchst, bereits in dir liegt. Ich weiß, dass wir im Leben mitunter in eine Einbahnstraße geraten. Ganz unerwartet tauchen Stoppschilder auf und manche Kurven sind so scharf, dass wir fast die Kontrolle verlieren. Es steigen Menschen zu uns und manche verlassen uns wieder. Auch das ist das Leben. Daneben gibt es die Momente, in denen wir die Augen schließen, ein leichter, warmer Gegenwind uns sanft über das Gesicht streicht und wir spüren, wie lebendig wir sind.

Die Reise mit Rahul mag vorerst vorbei sein, aber deine eigene Reise beginnt vielleicht gerade erst. Und nun liegt es an dir, die Herausforderungen deines Lebens zu meistern. Denn eines ist klar: Die Herausforderungen sind nach wie vor da. Aber jetzt hast du erfahren, wie du sie auf deine ganz persönliche Weise lösen kannst. So wie ein Rikscha-Fahrer kommst auch du niemals an, denn die Reise des Lebens beginnt jeden Tag aufs Neue.

Deshalb geht es auch gar nicht ums Ankommen, sondern darum, die Reise zu genießen. Lass dich voller Vertrauen auf deine Reise ein! Auch und gerade in den Momenten, in denen du vielleicht Angst hast. Angst beginnt im Kopf – genau wie Mut.

Auch Rahul hatte es schwer, musste durch die Trauer hindurch, musste stark bleiben. Er blieb oft stehen, schaute zurück und erkannte dadurch, welchen Weg er bereits zurückgelegt hatte. Und dann fuhr er weiter…

Wenn du an der einen oder anderen Stelle gelacht, geweint, den Kopf geschüttelt oder zustimmend genickt hast, wenn du gezweifelt oder nachgedacht hast, dann ist es das größte Kompliment für mich und für dich. Dann habe ich dich erreicht und du hast dich erreichen lassen. Und wenn dir das Buch gefallen hat, dann schenke seine Botschaft jenen Menschen, von denen du denkst, dass sie ihnen ebenfalls guttun würde.

Jetzt tauchst auch du in meinem Fotoalbum auf. Ich sehe uns Chai trinkend im Delhi Food & Drinks, ich sehe uns schweigend am Yamuna, ich sehe uns lachend im Stau vor Neu-Delhi und ich sehe uns mit offenem Mund vor dem Taj Mahal stehen…

Im Übrigen war dieses Buch kostenlos. Du hast nur für ein Lebensgefühl bezahlt.

Bis bald und genieße deinen Weg.

Dein Biyon

BIYON 3D

Mit der **GU MIND&SOUL PLUS APP** kannst du Biyon live in Indien erleben, während du dieses Buch liest. In seinen persönlichen Videobotschaften teilt er seine Gedanken zu den einzelnen Fahrten mit dir. Und so geht's:

1. App herunterladen
Lade die kostenlose GU Mind&Soul Plus-App im Apple Store oder im Google Play Store auf dein Smartphone. Starte die App und wähle dieses Buch aus.

2. Bild scannen
Scanne das Bild mit Biyons Kopf, das du am Ende jedes Kapitels findest, mit der Kamera deines Smartphones und klicke dann im Display den Button „Video abspielen".

Dank

Als ich mich gefragt habe, welchen Menschen ich danken darf, stellte sich für mich eher die Frage, wem ich nicht danken darf. Denn kein Mensch war ohne Grund in meinem Leben. Der eine war ein Geschenk, der andere eine Lektion. Dennoch möchte ich ein paar Menschen nennen, deren ganz besonderer Glaube an mich mir Flügel verliehen und dieses Buch erst möglich gemacht hat.

Natürlich gilt der größte Dank meiner Familie: Dadi und Mami… ohne Euch gäbe es mich nicht. Euch verdanke ich mein Leben. Bonny, Du hast mir schon früh als Undertaker gezeigt, was es heißt, niemals aufzugeben und hast immer gut auf Deinen kleinen Bruder aufgepasst. David D., Du bist mein Bruder. Mehr muss ich nicht sagen. Von der Grabenstraße zur Skyline! Ich danke meinen Herzensmenschen Stephan Z., Sheila G., Cenk A., Seppo S., Umut S. und Nuri A., Aleksan C., Joe A., Alain U., Stefan R, Fatmir A., Özcan C., Faisal K., Yusuf T.: Ihr habt mir gezeigt, dass Freunde die Familie sind, die wir uns selbst aussuchen. Ich danke meinem Professor Peter Witt, der mir gezeigt hat, wie man Menschen im Herzen berührt, und der mir die Freiheit gab, die ich brauchte, um fliegen zu lernen. Natürlich danke ich auch dem gesamten Gräfer und Unzer Verlag für die großartige Unterstützung! Anja S., Uli E., Antje K.: Mit Euch im Boot zu sitzen, macht einfach Spaß. Großer Dank auch an das Konzertbüro Augsburg: Erwin, Maria, Nadine. Danke, dass Ihr mich von Anfang an verstanden und an mich geglaubt habt! Lieber Peter M. und Sarah M., Ihr beiden Schnuckis, danke für Eure Inspirationen und dass ich mit Eurer Liebe in Eurem wunderbaren Hotel „Feuerstein" das Buch zu einem großen Teil schreiben durfte. Ich danke jeder einzelnen Leserin und jedem einzelnen Leser dieses Buchs. Vielen Dank für Euer Vertrauen und dass Ihr mich in Euer Herz lasst. Dieses Buch würde es niemals geben, wenn mich nicht unfassbar viele Leute auf meinen Social-Media-Kanälen unterstützen würden. Ihr seid meine Helden, meine Motivation, meine Inspiration und erfüllt jeden Tag mein Herz mit Liebe. Ich verneige mich vor Euch.

Über den Autor

Dr. Biyon Kattilathu, Kind indischer Einwanderer, im Ruhrpott aufgewachsen, ist *der* Entertainer für Motivation im digitalen Raum. In kürzester Zeit hat er die Social-Media-Bühne erobert und über seine Kanäle Millionen von Menschen begeistert. Er ist Diplom-Wirtschaftsingenieur und promovierte in Kundenpsychologie. „Verlasse die Welt ein wenig schöner, als du sie vorgefunden hast." Dieser Satz seiner Eltern prägte Biyons Kindheit. Biyon ist davon überzeugt, dass jeder Mensch dazu fähig ist, sein Potenzial zu entfalten, unabhängig von Alter, Herkunft, sozialem Status und persönlicher Vergangenheit.

Biyons Webseite findest du hier: **biyon.de**

Impressum

© 2019 GRÄFE UND UNZER VERLAG GmbH, München
Alle Rechte vorbehalten. Nachdruck, auch auszugsweise, sowie Verbreitung durch Bild, Funk, Fernsehen und Internet, durch fotomechanische Wiedergabe, Tonträger und Datenverarbeitungssysteme jeder Art nur mit schriftlicher Genehmigung des Verlages.

Projektleitung: Anja Schmidt
Lektorat: Dr. Antje Korsmeier
Illustrationen: Dmitri Broido
Umschlaggestaltung und Layout: independent Medien-Design, Horst Moser, München

Cover-Illu Elefant: Getty Images
Herstellung: Susanne Fuhrmann
Satz: Uhl + Massopust, Aalen
Lithos: Longo AG, Bozen
Druck & Bindung: DZS Grafik, Slowenien

ISBN 978-3-8338-6950-1
2. Auflage 2019

Syndication:
www.seasons.agency

www.facebook.com/gu.verlag

GRÄFE UND UNZER

Ein Unternehmen der
GANSKE VERLAGSGRUPPE

LIEBE LESERINNEN UND LESER,
wir wollen Ihnen mit diesem Buch Informationen und Anregungen geben, um Ihnen das Leben zu erleichtern oder Sie zu inspirieren, Neues auszuprobieren. Wir achten bei der Erstellung unserer Bücher auf Aktualität und stellen höchste Ansprüche an Inhalt und Gestaltung. Alle Anleitungen und Rezepte werden von unseren Autoren, jeweils Experten auf ihren Gebieten, gewissenhaft erstellt und von unseren Redakteuren/innen mit größter Sorgfalt ausgewählt und geprüft.

Haben wir Ihre Erwartungen erfüllt? Sind Sie mit diesem Buch und seinen Inhalten zufrieden? Haben Sie weitere Fragen zu diesem Thema? Wir freuen uns auf Ihre Rückmeldung, auf Lob, Kritik und Anregungen, damit wir für Sie immer besser werden können. Und wir freuen uns, wenn Sie diesen Titel weiterempfehlen, in Ihrem Freundeskreis oder bei Ihrem online-Kauf.

Sollten wir Ihre Erwartungen so gar nicht erfüllt haben, tauschen wir Ihnen Ihr Buch jederzeit gegen ein gleichwertiges zum gleichen oder ähnlichen Thema um.

KONTAKT
GRÄFE UND UNZER VERLAG
Leserservice
Postfach 86 03 13
81630 München
E-Mail: leserservice@graefe-und-unzer.de

Telefon: 00800 / 72 37 33 33*
Telefax: 00800 / 50 12 05 44*
Mo-Do: 9.00–17.00 Uhr
Fr: 9.00–16.00 Uhr
(*gebührenfrei in D,A,CH)